In dieser Reihe sind
bisher erschienen:

Richtig Bergsteigen
Richtig Freiklettern
Richtig Golf
Richtig Segeln
Richtig Reiten
Richtig Tanzen 1
Richtig Stretching
Richtig Jonglieren
Richtig Skifahren
Deutsche Skischule
Richtig Rennradfahren
Richtig Wildwasserfahren
Richtig Yoga
Richtig Tennisspielen
Richtig Fußballspielen
Richtig Jogging
Richtig Schwimmen
Richtig Tauchen
Richtig Muskeltraining
Richtig Skilanglaufen
Richtig Basketballspielen
Richtig Segelsurfen
Richtig Tanzen 2
Richtig Karate
Richtig Squash
Richtig Taekwondo

Kyong Myong Lee

Richtig Taekwondo

Die Kunst der unbewaffneten Selbstverteidigung

BLV SPORTPRAXIS TOP

BLV

Die Deutsche Bibliothek – CIP Einheitsaufnahme

Lee, Kyong Myong:
Richtig Taekwondo : die Kunst der unbewaffneten Selbstverteidigung / Kyong Myong Lee. – (4., durchges. Aufl.), Neuausg. – München ; Wien ; Zürich : BLV, 1995
(BLV-Sportpraxis : Top)
ISBN 3-405-14647-X

Kyong Myong Lee, 1939 in Pusan/Korea geboren und dort aufgewachsen, begann im Alter von 14 Jahren, die faszinierende Sportart Taekwondo zu erlernen.
Nach dem Philosophie-Studium (B. A.) an der Yonsei Universität in Seoul war er als Journalist und Essayist tätig. Während dieser Zeit erschienen mehrere Bücher von ihm. Zunehmend aber wuchs sein Interesse an Taekwondo; nicht die körperliche Ertüchtigung allein, vielmehr der geistig-philosophische Aspekt war dafür ausschlaggebend.
Von 1967 an war Kyong Myon Lee (9. Dan) in Österreich wohnhaft und verbreitete von dort aus die Kunst des Taekwondo. In Österreich, Deutschland und Polen wirkte er als Pionier, der diese koreanische Sportart weithin bekannt machte.
1991 kehrte er wieder nach Seoul/Korea zurück und ist dort bei der World Taekwondo Federation (WTF) als Secretary General tätig.
Er widmet sich wie bisher seiner schriftstellerischen Tätigkeit und der weiteren Erforschung der Kampfkünste, insbesondere der Kunst der unbewaffneten Selbstverteidigung Taekwondo.

Bildnachweis
Alle Fotos von Dieter Birkner,
außer H.-J. Kim: S. 2/3
K. M. Lee (Archiv): S. 4, 7, 46, 156
M. Mühlberger: S. 60

Umschlagfotos:
H.-J. Kim (Vorderseite)
K. M. Lee (Rückseite)

Grafiken: Hellmut Hoffmann

BLV Verlagsgesellschaft mbH
München Wien Zürich
80797 München

BLV Sportpraxis Top
Neuausgabe (4., durchgesehene Auflage)

Gesamtherstellung: Pustet, Regensburg

Gedruckt auf chlorfrei gebleichtem Papier

Printed in Germany · ISBN 3-405-14647-X

Inhalt

Inhalt

Als Präsident der *World Taekwondo Federation* und von *Kukkiwon* (World Taekwondo Center) freue ich mich sehr, dieses Taekwondo-Trainingshandbuch vorzustellen, verfaßt von einem unserer engagiertesten Ausbilder in Europa, Kyong M. Lee.

Kyong M. Lee ist Internationaler Schiedsrichter und Internationaler Master-Instructor, der über umfassende Erfahrungen verfügt und vielfältige Untersuchungen angestellt hat. Deshalb ist diese Publikation von der *World Taekwondo Federation* autorisiert und findet offizielle Anerkennung.

Da ich glaube, daß dieses reich illustrierte Buch dem Leser viele nützliche Informationen über die theoretischen und praktischen Aspekte bietet und auch die rechtliche Seite des Taekwondo behandelt, möchte ich hierfür meine persönliche Empfehlung aussprechen.

Dr. Un Yong Kim
Präsident

Taekwondo erfreut sich auf der ganzen Welt immer größer werdender Beliebtheit. 1988 fand diese aus Korea stammende Sportart erstmals im Rahmen der Olympischen Spiele in Seoul/Korea als Vorführdisziplin große Beachtung.

Aber auch der philosophische Charakter, der wissenschaftliche, systematische Aufbau und die Stellung des Taekwondo als Budosport sind von Bedeutung. Die Verbreitung des Taekwondo sollte durch weitere theoretische Untersuchungen bzw. praktische Schulungen vorangetrieben werden.

Mit der vorliegenden Arbeit möchte ich aufgrund meiner 30jährigen Erfahrung als Taekwondo-Lehrer einen Beitrag zur Systematisierung und Vereinheitlichung der Taekwondo-Technik leisten. Ich hoffe, daß sie Lehrern wie Schülern als Unterstützung in ihrem ständigen Bestreben dient, sich sowohl körperlich als auch geistig zu verbessern.

Kyong Myong Lee

Was heißt Taekwondo?

Frei übersetzt bedeutet Taekwondo »Kunst des Fuß- und Handkampfes«. Die wörtliche Übersetzung aus dem Koreanischen heißt:

Tae: stoßen, springen oder mit dem Fuß zerschmettern;
Kwon: Faust bzw. mit der Hand oder Faust schlagen oder zerstören;
Do: der Weg, die Lehre, die Methode.

Zusammengefaßt weist Taekwondo demnach auf eine Technik der unbewaffneten Selbstverteidigung hin. Darunter versteht man das geschickte Ausweichen, Abfangen eines Angriffs mit Händen und Füßen sowie den Konter, der zur schnellen Ausschaltung des Gegners führt.
Der Unterschied zu einer weiteren fernöstlichen Kampfkunst, dem Karate, der hier wohl in erster Linie interessiert, ist mit dem Hinweis auf die Bevorzugung der Fußtechniken alleine nicht erklärt. Trotz der Unterscheidungsmerkmale, die im Vergleich zu Karate auftreten, wird eine solche Vielfalt, wie sie Taekwondo aufweist, von keiner anderen, artverwandten Disziplin erreicht. Im weiteren unterscheidet sich Taekwondo insbesondere in der Art der verschiedenen Handtechniken, welche meist jedoch nur von erfahrenen Trainern erkannt werden.

Was bewirkt Taekwondo?

Taekwondo ist eine Kunst der Selbstverteidigung, die sich über fast 20 Jahrhunderte hinweg in Korea selbständig entwickelt hat. Ein Merkmal des Taekwondo ist es, Angreifer waffenlos, d. h. nur mit Händen oder Füßen abzuwehren. Alle Bewegungen im Taekwondo gehen von dem Grundsatz der Verteidigung aus. Es gibt kaum einen Teil des menschlichen Körpers, der nicht als Abwehrwaffe beim Taekwondo gebraucht werden kann: Hände, Finger, Fäuste, Knöchel, Ellbogen, Knie, Füße, Kopf usw.
Ein regelmäßiges Training verbessert das Allgemeinbefinden, verschafft ein gesundes seelisch-körperliches Gleichgewicht, erhöht die Behendigkeit und Beweglichkeit (physisch wie psychisch) und lehrt, die Dinge mit dem nötigen Abstand zu betrachten.
Taekwondo vermittelt nicht nur körperliche Kraft, sondern auch die Einsicht zu diszipliniertem Denken. Nur durch diese Einheit ist es möglich, das nötige Selbstvertrauen zu entwickeln und die erforderliche Gelassenheit zur Selbstverteidigung zu erlangen.

> Selbstvertrauen ist die Voraussetzung für Bescheidenheit und Toleranz, zwei erklärte Ziele des Taekwondo.

Ein gesunder Körper macht aktiv und widerstandsfähig. Seelisches und körperliches Selbstvertrauen verbessert die Beziehungen von Individuum – Familie – Nachbar – Staat untereinander.
Taekwondo ist eine Einheit, die sich aus der Beherrschung des künstlichen Bewegungsablaufs *(Poomse),* des Kampfes *(Jayu-kyorugi)* und des Brechens *(Kyokpa)* zusammensetzt. Dies erfordert große geistige Konzentration, mit der man wiederum beinahe unglaubliche Kräfte entwickeln kann. Eine Taekwondo-Poomse besteht aus verschiedenen Fußstellungen, kombiniert mit Hand-Abwehrtechniken, Fuß- und Faustschlägen, die ineinander übergehen, sie ergänzen und als Ganzes gesehen einen

Kampf gegen einen oder mehrere Gegner darstellt.
Die bekanntesten Poomsen sind:

- Palgue 1–8 Jang
- Taeguk 1–8 Jang
- Koryo
- Kumgang
- Taebaek

und für die höheren Dan-Träger:

- Pyongwon
- Shipjin
- Jitae
- Chonkwon
- Hansoo
- Ilyo

Es gibt zwei Arten von Wettkämpfen:
Im *Kyorugi,* dem unprogrammierten, freien Kampf, können alle erlernten Techniken des Angriffs und der Verteidigung in beliebiger Kombination angewendet werden.
Die zweite Art des Wettkampfs läuft nach einem vorgeschriebenen Schema ab. Sie ist vor allem für das Training geeignet, weil Fehler und Nachlässigkeiten sofort korrigiert werden können. Außerdem eignet sie sich besonders für Demonstrationen, weil Abwehr- und Angriffstechniken aufeinander abgestimmt sind und somit auch dem unkundigen Zuschauer ein guter Eindruck von Taekwondo und seinen Anwendungsmöglichkeiten vermittelt werden kann. Dieser vorherbestimmte Wettkampf muß von den Schülern reibungslos gemeistert werden, bevor sie für das Kyorugi bereit sind.
In der Praxis ist es unmöglich, die geballte Kraft gegen eine Person einzusetzen, ohne diese ernsthaft zu verletzen oder gar zu töten. Das Brechen von Hölzern, das Zerschlagen von Ziegeln und Steinen ist der Beweis für die Fähigkeit, vorhandene Energie erfolgreich auf einen Punkt zu konzentrieren. Damit wird überzeugend demonstriert, wozu Geist und Körper – sinnvoll koordiniert – in der Lage sind.
Um Taekwondo zu betreiben, bedarf es keiner besonderen Räumlichkeiten: Jeder kann zu jeder Zeit an jedem Ort seine Techniken üben und verbessern.

Die Taekwondo-Kleidung, der *Dobok,* ist so geschnitten, daß sie sich jeder Körperbewegung anpaßt. Das Weiß des Anzuges drückt moralische Reinheit und Anfang im Sinne der Zen-Philosophie aus. Der Gürtel (koreanisch *Ty*), den der Taekwondo-Sportler um seinen *Dobok* bindet, hat verschiedene Farben und kennzeichnet den Leistungsgrad des Schülers:

weiß	= Anfänger	Schülergrade
gelb	= 10. und 9. Kup	
grün	= 8. und 7. Kup	
blau	= 6. und 5. Kup	
braun	= 4. und 3. Kup	
rot	= 2. und 1. Kup	
rot/schwarz	= 1. bis 3. Poom	Meistergrade (unter 16 Jahre)
schwarz	= 1. bis 10. Dan	1.–5. Dan: Meistergrade 6.–10. Dan: Großmeistergrade

Der innere Wert von Taekwondo

Taekwondo – mehr als eine Bewegungskunst

Taekwondo ist der physische Ausdruck des menschlichen Überlebenswillens und darüber hinaus eine Tätigkeit, mit deren Hilfe die geistigen Ziele eines Menschen erfüllt werden können. Grundsätzlich entspringen alle Bewegungen im Taekwondo dem menschlichen Selbsterhaltungstrieb und -verteidigungswillen. Mit wachsenden Bedürfnissen wurden weitere positive Elemente in das Taekwondo aufgenommen. Diese führen schließlich, in einem letzten Stadium der Perfektion, zur Überwindung des Ego, wodurch dieser Sport eine philosophische Dimension erhält.

Geistige Bedeutung

Solange ein Mensch sich guter Gesundheit erfreut, verfügt er über eine umfassende Tatkraft. Ein schlechter Gesundheitszustand hingegen wird die Arbeitslust lähmen.
Enger als mit dem Intellekt ist dieser Impuls mit dem Gefühl verbunden, und zudem korrespondiert er auch mit der Ethik eines Menschen.
Taekwondo aktiviert Energien in jedem Organ, entwickelt die Muskeln und stimuliert das Gehirn, wodurch die Willenskraft im weitesten Sinne gestärkt wird. Bloßes Überleben macht den Menschen nicht glücklich, er sehnt sich nach einem kraftgebenden, guten Lebensinhalt. Deshalb kultiviert Taekwondo die Willenskraft durch die Vereinigung körperlicher und geistiger Aktivitäten.

Taekwondo – eine Anleitung zur Charakterentwicklung

Auch der menschliche Körper unterliegt den physikalischen Gesetzen und ist insofern eine Maschine, die wächst, sich weiterentwickelt und bewegt. Diese »Maschine Mensch« verrichtet ihre Arbeit, indem sie für die verschiedenen Zwecke ihre Haltung in eine jeweils brauchbare Lage verändert. Im geistigen Bereich heißt das: Die »Maschine« denkt, sie hat eine Idee und ersinnt Lösungen in einer Art geistigem Training. So erklärt es sich auch, daß ein Mensch als Ganzes schwerlich gesunde Gedanken hervorbringen kann und über eine einwandfreie Vorstellungsgabe verfügt, wenn er sich nicht gleichzeitig physisch wohl fühlt.
Es gibt eine leichte Form der Sportausübung und es gibt den Hochleistungssport. Letzterer fördert einen starken Kampfgeist und Selbstvertrauen, während leichtere Sportaktivitäten lediglich den Kreislauf günstig beeinflussen.
Taekwondo formt den Charakter zu einem starken Geist voller Spannkraft, aus dem Führungsenergien und -kräfte für alle Lebenssituationen erwachsen. Führungskraft und ein starker Leistungswille (Kampfgeist) schaffen Zuversicht für jede Aufgabe, so daß man sie mit Gelassenheit und Sicherheit löst und daraus seine innere Ruhe erlangt. Wenn dieser Vorgang zur Überwindung des eigenen Ichs führt, im Sinne der Bereitschaft zu aufopferndem Verhalten, und zur gleichzeitigen Bescheidenheit, dann ist dies

- die Basis für ein rechtschaffenes, vorbildliches Leben und
- die Voraussetzung zur Übernahme einer Führungsposition in der Gesellschaft.

Der sportliche Wert von Taekwondo

Taekwondo ist ein physisch umfassender Sport

Man widmet sich dem Sport aus den verschiedensten Beweggründen. Diese reichen von der Anpassung an eine Bezugsgruppe bis hin zu dem Wunsch, durch Bewegung und Fitness sein Leben zu verlängern. Die Motivation umfaßt das physische Überleben ebenso wie das Verlangen nach seelischem Gleichgewicht.
Da bei der Ausübung von Taekwondo alle Muskeln und Gelenke bewegt werden, ist es eine den ganzen Körper umfassende Sportart. Taekwondo gibt eine Antwort auf die Herausforderungen des Lebens und ist gleichzeitig eine Richtschnur für das Verhalten gegen sich selbst und andere.
Taekwondo ist ein Komplex von Stellungen und Bewegungen, bei denen systematisch und wissenschaftlich kontrolliert jeder Teil des Körpers bewegt wird. Deshalb wurde gerade dieser Sport zu einem wichtigen Mittel für die Erhaltung und Stärkung der menschlichen Lebensfunktion.

Taekwondo verwandelt Gliedmaßen in »Waffen«

Taekwondo ist ein solch kraftvoller Sport, daß es gefährlich ist, seine Wirksamkeit an anderen Personen zu testen. Vielmehr sollte man seine Fähigkeiten nur nutzen, um einen unerwarteten Angriff abzuwehren. Denn Fäuste werden zu Hämmern, Finger zu scharfen Speerspitzen, die Handkante zu einer Messerklinge, und die Füße können die Gewalt eines Vorschlaghammers erlangen.
Um solches zu erreichen, gibt es grundlegende Wege, Faust, Hand, Bein und Fuß in der genannten Form einzusetzen. Und es gibt ganz bestimmte Bewegungen, wie diese »Körperwaffen« anzuwenden sind. Von diesen kennen wir zahlreiche Formen: schnelle Aktionsfolgen, in denen Körper und Gliedmaßen nach rechts, links oder vorwärts und zurück bewegt werden, sowohl zur Verteidigung als auch zum Angriff. Es gibt Einzelbewegungen ebenso wie festgelegte Partnerübungen, in denen Stöße, Tritte und deren Abwehr geübt werden.

Wenn die grundlegenden, vorherbestimmten Bewegungsfolgen reibungslos beherrscht werden, sind die Taekwondo-Schüler bereit, den freien Kampf *(Kyorugi)* zu erlernen. Der Freikampf ist so gefahrvoll, daß die Kämpfer für bestimmte Körperteile eine Schutzkleidung tragen müssen (s. hierzu Seite 26 und 51 f.). Wie bereits erwähnt, darf Taekwondo niemals an mit dieser Sportart nicht vertrauten Personen geübt werden. Vielmehr demonstrieren Experten ihre Fähigkeiten durch das Zerschlagen von Ziegelsteinen, Dachziegeln, Hölzern oder ähnlichem. Dabei werden die Gegenstände nicht selten in die Luft geworfen und im Sprung zertrümmert.

Historischer Hintergrund

Unsere prähistorischen Vorfahren – ganz gleich wo sie lebten – mußten Gewandtheit und Kräfte entwickeln, um Nahrung zu erjagen und sich gegen Angreifer zu wehren. Zur leichteren Nahrungsbeschaffung und besseren Verteidigung wurden Waffen erfunden. Doch selbst nach Beherrschung dieser Waffen hat man nie aufgehört, Geist und Körper zu trainieren: Es entstanden Spiele, Wettkämpfe, teilweise in Form von religiösen Riten, in denen immer wieder versucht wurde, Geist und Körper zu noch höheren Leistungen zu befähigen.

Taekyon während der Koguryo-Dynastie

Im folgenden ein kurzer Blick auf die Dynastie des Königreiches Koguryo: Bereits im neolitischen Zeitalter veranstalteten unsere koreanischen Vorfahren in verschiedenen Stammesgebieten Spiele wie oben erwähnt. Yongko im Staate Puyo, Tongmaeng im Koguryo, Muchon in Ye und Mahan und Kabi während der Silla-Dynastie zeugen mit einigen interessanten Beispielen von solch sportlichen Aktivitäten im religiösen Bereich. Im Laufe der Zeit wurden diese Übungen sowohl zu gesunderhaltender Gymnastik als auch zur Ergänzung und Verbesserung kämpferischer Fähigkeiten weiterentwickelt.
Die lange Erfahrung im Umgang mit wilden Tieren sowie die sorgfältige Beobachtung ihrer Angriffs- und Verteidigungstechniken brachten unsere Vorfahren dazu, diese Beobachtungen so auszuwerten, daß sie, auf menschliche Bewegungsabläufe übertragen, ein sehr effektvolles Kampfsystem ergaben. Es entstand eine einfache Form des *Taekyon,* ein alter Name für Taekwondo.
Die Anfänge des Taekwondo lassen sich bis in die Koguryo-Dynastie zurückverfolgen, die 37 v. Chr. im Norden von Korea gegründet wurde. Deckengemälde in königlichen Gräbern aus dieser Zeit weisen Taekwondo-Motive auf. 1935 wurden diese Szenen von einer Gruppe japanischer Archäologen in den Königsgräbern Muyong-chong und Kakchu-chong in Tungku (Hwando-Provinz in der Mandschurei), wo sich die Hauptstadt Koguryos befand, entdeckt. Während das Muyong-chong-Gemälde zwei sich in Taekwondo-Übungen gegenüberstehende Männer zeigt, werden auf dem Kakchu-chong-Bild zwei Ringer dargestellt.
Der japanische Historiker Tatashi Saito schreibt in seinen »Studien über die Kultur des alten Korea«: »Das Bild sagt entweder aus, daß die begrabene Person zu Lebzeiten Taekwondo praktiziert hat, oder es stellt Personen dar, die mit diesen Übungen – begleitet von Tanz und Gesang – die Seele des Verstorbenen trösten wollten.«

Hwarang-Do während der Silla-Dynastie

Das Königreich Silla, im Südosten des Landes gelegen, wurde bereits 20 Jahre vor dem Koguryo-Königreich gegründet. Dokument des Wissens um eine Kampfkunst sind zwei buddhistische Steinskulpturen im Suckkul-am bei Kyongju, der alten Hauptstadt Sillas, die den berühmten, von Kim Dae Sung (751–774 n. Chr.) geschaffenen Schrein bewachen. Diese Skulpturen stellen sich dem Besucher im Kumgang-makki

entgegen, einer noch heute geübten Abwehrhaltung im Taekwondo.
Silla war berühmt für sein *Hwarang-Do,* ein Lebensweg, auf dem sich Ritter fast ausschließlich der Jagd, dem Studium und den Kampfkünsten widmeten, um Geist und Körper zu vervollkommnen. *Hwarang-Do* spielte auch eine wesentliche Rolle bei der Eroberung und Vereinigung der Königreiche Koguryo und Paekche durch Silla.

Beziehungen zum chinesischen Kungfu und japanischen Karate

Verschiedentlich wird angenommen, daß das koreanische Taekwondo von der chinesischen Kunst der Selbstverteidigung, dem Kungfu, abstammt. Einem chinesischen Dokument zufolge war Kungfu eine Art Gymnastik, die der buddhistische Heilige Dharma den Mönchen des Hsiaolin-Tempels in Tungpung (Provinz Honan, China) lehrte. Dharma, einer der bekanntesten buddhistischen Priester aus Indien, kam 520 n. Chr. nach China und verbrachte neun Jahre im Hsiaolin-Tempel, wo er u. a. Kungfu einführte und verbreitete. Die Deckengemälde in den Königsgräbern von Koguryo sind jedoch in der Zeit von 3 bis 427 n. Chr. entstanden. Daraus muß geschlossen werden, daß Taekwondo nicht vom chinesischen Kungfu abstammt.
Über die Herkunft von Karate, der japanischen Selbstverteidigungskunst, gibt es keine genauen Daten; doch gibt es zwei verschiedene Versionen darüber. Eine davon lautet, daß ein Chinese namens Chen Yuanpin in der späten Ming-Dynastie nach Japan auswanderte und dort das chinesische Kungfu verbreitete. Die andere versucht zu beweisen, daß Karate eine weiterentwickelte Form des »Okinawate« sei, eine in Okinawa (Japan) beheimatete Selbstverteidigungsart. Aus welcher Zeit Okinawate stammt, ist nicht genau zu ermitteln. Um die wahre Herkunft herauszufinden, könnte man sich auf »Historische Aufzeichnungen über das Königreich Chosun« (Yi-Dynastie) beziehen, worin erwähnt wird, daß Gesandte der Ryukyu-Inseln dem König von Chosun regelmäßig ihren Tribut zollten.
Zu dieser Zeit war *Subak* (ebenfalls ein anderer Name für Taekwondo) sehr populär; es ist daher nicht auszuschließen, daß die Gesandten aus Okinawa Taekwondo lernten und es dann in ihrem Heimatland einführten. Dieser Gedanke ist keineswegs abwegig, denn auch das koreanische »Nul« (eine Art Schaukelspiel) wurde von den Einwohnern Okinawas übernommen.
Man könnte also zu dem Schluß kommen, daß das japanische Karate von *Taekyon* oder *Subak,* jenen alten Formen des Taekwondo, abstammt, wenn man der zweiten Version über die Herkunft von Karate den Vorzug gibt.
Taekwondo erfreute sich auch nach den Koguryo- und Silla-Dynastien, während der Koryo-Dynastie (ab 918 n. Chr.) und in den 475 Jahren der Yi-Dynastie (ab 1392 n. Chr.) großer Beliebtheit.

Subak während der Koryo- und Yi-Dynastie

In der Koryo-Periode wurde *Subak* nicht nur unter dem Aspekt der gesunderhaltenden Gymnastik und seines sportlichen Wertes betrachtet; daneben schätzte man den militärischen Wert dieser Kampfkunst ausgesprochen hoch ein. Die folgenden Beispiele aus historischen Dokumenten zeigen, wie beliebt und geachtet Taekwondo schon zu damaligen Zeiten war:

»König Uijong bewunderte die hervorragende Subak-Beherrschung von Yi Ui-min und beförderte ihn vom Taejon (militärischer Rang) zum Byoldang.«
»Der König erschien im Sang-chun-Pavillon und wohnte den Subak-Wettkämpfen bei.«
»Der König verfolgte die Subak-Wettkämpfe im Hwa-bi-Palast.«
»Der König kam nach Ma-am, um die Subak-Wettkämpfe zu sehen.«

Aus diesen Aussagen geht hervor, daß die *Subak*-Wettkämpfe eine starke Anziehungskraft auch für Zuschauer gehabt haben mußten.
Man nimmt an, daß *Subak* unter König Uijong zwischen 1147 und 1170 n. Chr. seine größte Beliebtheit erlangte. Ungefähr zur gleichen Zeit wurde in China (Song- und Ming-Dynastie) Kungfu in großem Maße bekannt. Zwei ausgefeilte Systeme wurden entwickelt: Neikya und Weikya, die unterschiedlichen Wert auf Verteidigung und Angriff legten. Dieser Untersuchungsvergleich bestätigt weiterhin, daß Taekwondo nicht nur rein koreanischen Ursprungs ist, sondern in der langen Geschichte Koreas auch eine unabhängige Entwicklung durchgemacht hat.
Ein wichtiges Ereignis während der Yi-Dynastie war die Herausgabe eines Buches über *Subak* als militärische Kampfkunst.
In der vorausgegangenen Koryo-Dynastie eigentlich nur dem Militär zugänglich, fand es nunmehr weite Verbreitung.
Aus einem geschichtlichen Dokument geht des weiteren hervor, daß sich Leute der benachbarten Provinzen Cholla und Chungchong in dem Grenzstädtchen Chakji trafen, um die besten *Subak*-Kämpfer zu ermitteln. Dieser Bericht unterstützt die Annahme, daß *Subak* zur damaligen Zeit bereits ein beliebter Volkssport war. Um in die Leibwache der königlichen Regierung aufgenommen zu werden, war *Subak* gar eines der Hauptprüfungsfächer für Bewerber.
Die wichtige Rolle, die *Subak* auch während der ersten Hälfte der Yi-Dynastie spielte, wird durch die Herausgabe eines illustrierten Lehrbuchs über die Kunst des Kämpfens unterstrichen, in dem Taekwondo als eines der wichtigsten Kapitel behandelt wird. Herausgeber war König Chongjo selbst. Er betonte damit, daß das Königshaus *Subak* die gleiche Bedeutung beimaß wie auch das Volk.
In der zweiten Hälfte der Yi-Dynastie verlor *Subak* an Bedeutung und Beliebtheit. Man führt das auf die inneren und äußeren Machtkämpfe der damaligen Königshäuser zurück, die ihre Aufmerksamkeit infolgedessen mehr auf politische Ereignisse richteten und für sportliche Veranstaltungen wenig Zeit und Muße hatten. Dennoch blieb *Subak* beliebte Freizeitbeschäftigung des einfachen Volkes.

Überblick von 1943 bis heute

1943–1945	Unter der Besetzung Koreas durch die Japaner erfreut sich das japanische Karate zeitweiliger Beliebtheit.
1946	Vereinigungsbestrebungen der wichtigsten Taekwondo-Schulen durch Versammlung der höchsten Dan-Träger.
1950	Beginn des Korea-Krieges am 25. Juni. Dauer: ca. 3 Jahre.
1953	Gründung des koreanischen Tangsoodo-Verbandes (Präsident: Hwang Ki aus der Mooduk-Kwan-Schule).
1954	Die höchsten Dan-Träger Koreas einigen sich auf die Bezeichnung »Taekwondo«.
1956	Nur die drei größten Schulen (Chungdo-Kwan, Songmu-Kwan, Ohdo-Kwan) akzeptieren die Bezeichnung »Taekwondo«.
1960	Gründung des koreanischen Soobakdo-Verbandes am 30. Juni (Präsident: Hwang Ki aus der Mooduk-Kwan-Schule).
1961	Gründung des koreanischen Taesoodo*-Verbandes am 16. September (erste Vereinigung der Dan-Träger aller Schulen).
1962	Anerkennung von Taesoodo durch die koreanische Amateur Sports Association am 20. Juni.
1963	Erste offizielle Teilnahme an den jährlich stattfindenden Nationalen Sportfestspielen am 29. Oktober.
1965	Änderung des Namens von Taesoodo in Taekwondo (Grund: Austritt der Soobakdo-Schule aus dem Verband am 5. August).
1972	Eröffnung des Kukkiwon in Seoul/Süd-Korea als Mekka des »World Taekwondo« am 30. November.
1973	Gründung des Welt-Taekwondo-Verbandes (WTF) in Seoul/Süd-Korea am 28. Mai (Präsident: Dr. Un Yong Kim). 1. Weltmeisterschaft: 25.–27. Mai in Seoul/Süd-Korea.
1975	2. Weltmeisterschaft: 27.–31. August in Seoul/Süd-Korea. WTF wird offizielles Mitglied der General Association of International Sports Federations (GAISF) im Oktober.
1976	Anerkennung von Taekwondo durch das International Military Sports Council (CISM) am 9. April. Ende 1976/Anfang 1977 werden die vorangegangenen verschiedenen Schulen im heutigen Taekwondo vereint.
1977	3. Meisterschaft: 14.–17. September in Chicago/USA.
1979	4. Weltmeisterschaft: 24.–28. Oktober in Stuttgart/Bundesrepublik Deutschland.

* Taesoodo: »Tae« von *Tae*kwondo, »Soo« von *Soo*bakdo, Tang*soo*do und Kong*soo*do.

1980	Anerkennung von Taekwondo durch das Internationale Olympische Komitee (IOC) in Moskau/UdSSR am 17. Juli. 1. CISM-Weltmeisterschaft: 30. Oktober–7. November in Seoul/Süd-Korea.
1981	1. World Games: 24. Juli–2. August in Santa Clara/USA.
1982	5. Weltmeisterschaft: 23.–27. Februar in Guayaquil/Ecuador.
1983	Taekwondo wird am 12. August als offizielle Sportart der Pan-American-Games aufgenommen. 6. Weltmeisterschaft: 19.–23. Oktober in Kopenhagen/Dänemark. 1. Internationale Universitätsmeisterschaft: 10.–11. Dezember in Seoul/Süd-Korea.
1984	Taekwondo wird als offizielle Sportart der Asian Games aufgenommen.
1985	2. World Games: 3.–4. August in London/Großbritannien. 7. Weltmeisterschaft: 4.–8. September in Seoul/Süd-Korea.
1986	1. World Cup Taekwondo: 3.–5. Juli in Colorado Springs/USA. 1. Universitäts-Weltmeisterschaft: 26.–30. November in Berkeley, Californien/USA.
1987	2. World Cup Taekwondo: 15.–17. Mai in Helsinki/Finnland. 8. Weltmeisterschaft (Herren): 7.–11. Oktober in Barcelona/Spanien. 1. Weltmeisterschaft (Damen): 7.–11. Oktober in Barcelona/Spanien. 2. CISM-Weltmeisterschaft: 25. Oktober–1. November in Seoul/Süd-Korea.
1988	Taekwondo als Vorführungsdisziplin bei den 24. Olympischen Spielen in Seoul/Süd-Korea vom 17.–20. September.
1989	3. World Cup Taekwondo: 22.–25. Februar in Kairo/Ägypten. 3. World Games: 21.–23. Juli in Karlsruhe/Bundesrepublik Deutschland. 9. Weltmeisterschaft (Herren)/2. Weltmeisterschaft (Damen): 9.–14. Oktober in Seoul.
1990	2. Universitäts-Weltmeisterschaft: 5.–8. April in Santander/Spanien. 4. World Cup Taekwondo: 9.–11. November in Madrid/Spanien.
1991	5. World Cup Taekwondo: 16.–18. Mai in Zagreb/Jugoslawien. 3. CISM-Weltmeisterschaft: 15.–21. Juni in Seoul/Süd-Korea. 10. Weltmeisterschaft (Herren)/3. Weltmeisterschaft (Damen): 23.–31. Oktober in Athen/Griechenland.
1992	Taekwondo als Vorführungsdisziplin bei den Olympischen Spielen in Barcelona/Spanien vom 3.–5. August.
1993	5. CISM-Weltmeisterschaft: 6.–15. Juni in Kingston/Kanada. 4. World Games: 30. Juli–1. August in Hague/Niederlande. 11. Weltmeisterschaft (Herren)/4. Weltmeisterschaft (Damen): 19.–21. August in New York/USA.
1994	6. World Cup Taekwondo: 21.–23. Juli in George Town/Cayman Islands. 3. Goodwill Games Taekwondo: 27.–28. Juli in St. Petersburg/Rußland. 12. Asian Games: 8.–9. Oktober in Hiroshima/Japan. 4. Universitäts-Weltmeisterschaft: 2.–6. November in Athen/Griechenland.
2000	Erstmalige Teilnahme an den Olympischen Spielen in Sydney/Australien.

Die Dynamik im Taekwondo

Je weiter ein Sportler seine Fähigkeiten im Taekwondo ausbildet, um so mehr muß er die wissenschaftlichen Hintergründe der Sportart kennen. Das hat zwei Gründe. Zum einen kann ein erfahrener Sportler mit diesem Hintergrundwissen die Effektivität bestimmter Handlungen besser beurteilen und erhöht dadurch seine Lernbereitschaft, zum anderen schafft er sich dadurch eine Grundlage für die Entwicklung neuer Techniken. Im folgenden sollen zwei für das Taekwondo bedeutende physikalische Gesetzmäßigkeiten dargestellt werden. Es sind dies die Gesetze der *Kraftübertragung* und die der *Gleichgewichtsbedingungen*. Erfolg oder Mißerfolg eines Angriffs oder einer Verteidigung lassen sich mit den Begriffen der Kraft und des Gleichgewichts erklären.

Die drei Newton'schen Grundsätze und ihre Bedeutung im Taekwondo

Der erste Grundsatz bezieht sich auf die Trägheit von Massen gegenüber der Änderung ihres Bewegungszustandes. Er ist deshalb auch als *Trägheitsgesetz* bekannt und lautet: Jeder Körper verharrt im Zustand der Ruhe oder gleichförmig geradlinigen Bewegung, solange keine äußeren Kräfte auf ihn einwirken. Diese qualitative Aussage besagt, daß eine Kraft notwendig ist, um einen Körper aus der Ruhestellung in Bewegung zu versetzen.
Der zweite Grundsatz ist das *Grundgesetz der Mechanik*. Es gibt Auskunft über die Größe der Kraft und zeigt den Vektorcharakter der Kraft. Es lautet: Die Änderung des Bewegungszustandes ist der einwirkenden Kraft proportional und erfolgt entlang der Wirkungslinie dieser Kraft. Bekannter ist die Formelschreibweise

$$\vec{F} = m \cdot \vec{a}$$

($\vec{F}$ = Kraft, m = Masse, $\vec{a}$ = Beschleunigung)

Der Bewegungszustand oder Impuls $\vec{p}$ ist gegeben durch das Produkt aus der Masse m und der Geschwindigkeit $\vec{v}$. Eine Änderung der Geschwindigkeit verändert den Wert des Impulses. Diese Geschwindigkeitsänderung wird durch eine Kraft hervorgerufen, und je größer diese Kraft $\vec{F}$ ist, desto größer ist auch die Impulsänderung. Stellt man nun eine Verbindung vom zweiten Newton'schen Grundsatz zum Taekwondo her, dann bezeichnet man mit der Masse m die Körpermasse des Angreifers oder des Verteidigers, und die Beschleunigung $\vec{a}$ ist gegeben als Geschwindigkeitsänderung dieser Masse während der Kontaktzeit der beiden Körper.
Der dritte Grundsatz sagt nun ganz deutlich, daß jede Kraft, die von einem Körper A auf einen anderen Körper B wirkt, nur in Verbindung mit einer gleich großen, aber entgegengesetzt gerichteten Kraft vom Körper B auf den Körper A auftritt. Bekannter ist dieses Gesetz unter dem Kurzbegriff: Actio = Reactio. Die beiden Körper A und B entsprechen im Taekwondo dem Angreifer und dem Verteidiger. Übt der Angreifer über seine Faust oder seinen Fuß eine Kraft auf den Körper des Verteidigers aus, dann tritt gleichzeitig auch eine Kraft auf, die vom Verteidiger auf gleicher Wirkungslinie in Richtung des Angreifers wirkt.
Wie effektvoll nun ein Angriff und wie wirkungsvoll eine Verteidigung ist, das wird deutlich, wenn wir uns eingehender mit den Gleichgewichtsbedingungen beschäftigen.

Gleichgewicht und Standsicherheit

Der Stabilitätsgrad eines Körpers ist von drei Faktoren abhängig. Dazu gehören

- das Gewicht,
- die Größe der Unterstützungsfläche und
- die Entfernung des Körperschwerpunkts von der Unterstützungsfläche.

Der Körperschwerpunkt ist ein physikalisch-mathematisch ermittelbarer Punkt, in dem man sich die gesamte Körpermasse vorstellen kann. Wird ein Körper aus dem stabilen Gleichgewicht gebracht, dann ist die Kraft F, die am Körperschwerpunkt angreift, größer als das Produkt aus dem Körpergewicht G und dem waagerechten Abstand a des Körperschwerpunkts von der Kippkante dividiert durch die Höhe h des Körperschwerpunkts von der Unterstützungsfläche. Die folgende Abbildung veranschaulicht diesen Zusammenhang.

Schematische Darstellung des Gleichgewichts

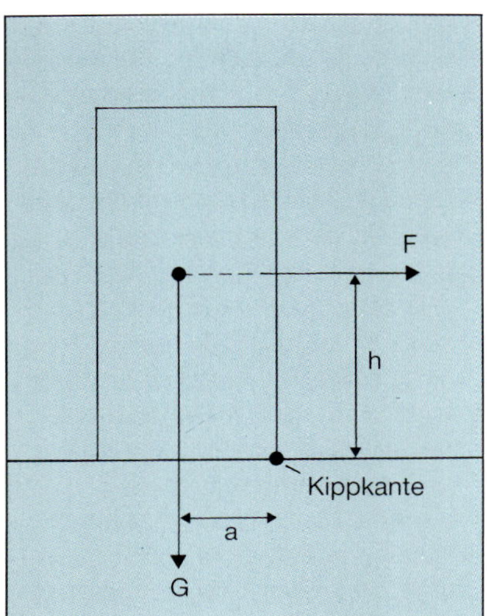

Wir erkennen, daß eine Person zur Verbesserung ihrer Stabilität entweder die Unterstützungsfläche vergrößern oder ihren Körperschwerpunkt absenken muß. Im Wettkampf geschieht durch einen Ausfallschritt beides: Es wird die Unterstützungsfläche vergrößert und gleichzeitig der Körperschwerpunkt abgesenkt. Dadurch aber verschlechtert sich die Beweglichkeit. Eine solche Haltung ist kennzeichnend für eine Verteidigungsstellung. Ein Angriff, der plötzlich erfolgen soll, läßt sich besser aus einer Stellung verwirklichen, deren Stabilitätsgrad geringer ist. Wie gestaltet man den Angriff und die Verteidigung auf der Grundlage der physikalischen Betrachtungsweise am effektivsten?
Ein schnell ausgeführter Angriff ist dann am wirksamsten, wenn nicht nur die Fäuste oder die Füße eine große Geschwindigkeit haben, sondern wenn gleichzeitig die gesamte Körpermasse mit großer Geschwindigkeit in die Richtung des Treffpunktes bewegt wird. Dann zeigt uns das Grundgesetz der Mechanik, daß der Angriff mit einer großen Kraft ausgeführt wird.
Der Verteidiger muß seinen Stabilitätsgrad erhöhen, um nicht von der Kraft des Angriffs aus dem Gleichgewicht zu kommen. Oben wurde gezeigt, wie das erreicht werden kann. Wichtig ist, daß die Unterstützungsfläche, die in Richtung der einwirkenden Kraft wirksam ist, vergrößert wird.

Geschwindigkeit

Masse allein (obwohl sie den Wirkungsgrad erhöht) kann keine nutzbare Kraft entfalten, wenn nicht die Geschwindigkeit hinzukommt. Wenn wir von einem »festen Tritt«

oder einem »leichten Tritt« sprechen, meinen wir die Geschwindigkeit der Bewegung. Der feste Tritt wird mit hoher Geschwindigkeit, der leichte Tritt langsam ausgeführt.
Es wurde bereits erklärt, daß es verschiedene Möglichkeiten gibt, die Geschwindigkeit der Körperbewegungen zu steigern. Ein Weg eröffnet sich durch die wirkungsvolle Verlagerung des Körperschwerpunktes, was allerdings mit einem relativ unsicheren, instabilen Stand gekoppelt ist. Ein anderer Weg ist die Vergrößerung des Abstands zum Ziel und damit die Verlängerung der Beschleunigungsstrecke. Die Vergrößerung des Zielabstands kann natürlich nur durch gesteigerte Behendigkeit des Körpers erreicht werden.
Da Knochen und Gelenke für Halt und Aufbau des menschlichen Körpers eine tragende Rolle spielen, während das Nervensystem die Aktionen der Muskeln steuert, bestimmen die Beweglichkeit der einzelnen Körperteile und ihre Reaktionsgeschwindigkeit den Grad der Behendigkeit im Falle eines Angriffs oder der Abwehr.

Das Nervensystem

Die Nervenbahnen verästeln sich in unzählige Fasern, die sich über den ganzen Körper verteilen. Jeder von den Nerven aufgenommene Reiz wird an das Zentralnervensystem weitergegeben. Darüber hinaus sind es bestimmte Nervengruppen, die einzelne Muskelbewegungen hervorrufen können.
Die menschliche Kraft kommt nur dann zur vollen Entfaltung, wenn alle betroffenen Nervengruppen koordiniert arbeiten. Die geistige Konzentration trägt dazu bei, daß Nervengruppen aufeinander abgestimmt aktiviert werden. Wichtig für die Weiterleitung von Reizen ist die Verbindung der Nerven untereinander. Diese zunächst unkontrollierten Verbindungen sollten dabei vorsichtig angegangen werden.
Durch langes Training kann man aber auch hier – im unbewußten, sonst nicht kontrollierbaren Bereich – Einflußnahme und Beherrschbarkeit erreichen.

Die Atmung und »Ki«

Ganz gleich, welche Sportart man betreibt, atmet man die Luft aus, wenn der Rumpf gebeugt oder gedreht wird, und man atmet ein, wenn der Körper aufgerichtet wird.
Im Taekwondo wird ausgeatmet, wenn man zu einem Schlag oder Tritt ansetzt. Im Moment des Auftreffens wird dann der Atem angehalten, um so die größte Wirkung zu erzielen. Der Grund für diese andere Atemtechnik ist, daß das Ausatmen den inneren Widerstand verringert und den Körper flexibel macht, während das Anhalten des Atems dem Stoß oder Schlag erst die volle Wirkung verleiht.
Der Kampfschrei *Kihap* beim Auftreffen des Stoßes dient dazu, die Luft aus dem Brustkasten zu pressen, was gleichzeitig die geistige Konzentration auf genau diesen Moment fördert. Dauert der Kampfschrei aber zu lange an, bevor das Ziel getroffen ist, kann nicht genügend Kraft entfaltet werden, da es ausschließlich auf die geistige Konzentration ankommt.
Ohne einer solchen geistigen Konzentration und ohne Kontrolle der Atmung kann ein Angriff oder eine Abwehraktion nicht erfolgreich sein. Fehlt in einer Konfrontation die Unterstützung durch die richtige Reaktions-

fähigkeit der entsprechenden Nerven, kann auch die Kraftkapazität nicht voll entfaltet werden. Es gilt also, durch langes intensives Training und mit Hilfe seines Geistes, der gewünschten Koordination der Nerven und der Kontrolle der Atmung die eigene Kraft zu steigern.
Wem diese Fähigkeiten in Fleisch und Blut übergehen, wird über eine erstaunliche Energie verfügen. Solche Möglichkeiten eröffnen sich allerdings nur demjenigen, der über lange Zeit hinweg das Phänomen Kraft durch eigene Erfahrung erfaßt hat und den Intellekt besitzt, die Theorie wirkungsvoll in die Praxis umzusetzen.

Aufbau und Grundlage des Taekwondo-Trainings

Praktisch alle Techniken des Taekwondo werden in der Gruppe, im Stand, im Gehen oder im Drehen unterrichtet, wobei der technische Schwierigkeitsgrad auf den jeweiligen Ausbildungsstand des Schülers abzustimmen ist. Der Fortgeschrittene wird selbstverständlich schwierigere Übungen durchführen, die Grundschule bleibt jedoch für Schüler und Meister gleich. Auch der Meister wird täglich seine Schlagtechnik üben, mit der sich der Schüler in den ersten Unterrichtsstunden abmüht, er wird sie jedoch besser beherrschen.
Es ist also nicht in erster Linie das Was, das den Anfänger vom Fortgeschrittenen unterscheidet, sondern das Wie!

Drei Disziplinen sind es, welche die Grundlage des Taekwondo bilden und die im folgenden näher beschrieben werden sollen:

Poomse (Kunstbewegungsform)

Die Poomse ist eine Pflichtübung, wie sie auch in anderen Sportarten zum Aneignen der verschiedenen Techniken gelehrt und dann bei der Vorführung in einer Prüfung beurteilt wird.
In den Poomsen sind alle Angriffs- und Abwehrtechniken vereinigt. Die Schwierigkeiten steigern sich in der nächsthöheren Poomse. Zur Vollendung der Kampftechnik hat man diese Bewegungsfolgen festgelegt, die einen Scheinkampf gegen einen oder mehrere *gedachte Gegner* darstellen, so daß der Schüler verschiedene Angriffs- und Verteidigungstechniken ohne Gegner und ohne Verletzungsgefahr üben kann. Die Folge dieser einzelnen Übungen ist vorgeschrieben und läuft nach einem festgelegten Schrittdiagramm ab.
Imaginäre Gegner werden in verschiedenen angenommenen Kampfsituationen systematisch und sinnvoll bekämpft. Der Schüler hat diese genau festgelegten Techniken in einer fortlaufenden Aktion vorzuführen, wobei die Bewegung kraftvoll, konzentriert und rhythmisch sein soll und er zu jeder Zeit der Übung sein Gleichgewicht halten, d. h. einen festen Stand haben muß. Die vorausgehende, umfassende und spezielle Gymnastik (Gelenkigkeitsübungen, z. B. der Fuß- und Beingelenke, Hüftgelenke) dient der Vorbereitung des Körpers auf die gesteigerte Leistung durch die Erwärmung der Muskulatur und allmähliche Aktivierung des Kreislaufs mit einer verstärkten Herztätigkeit.

Bei regelmäßiger Kursteilnahme – mindestens zweimal wöchentlich – wird eine intensive Körperschulung erreicht, die das allgemeine Wohlbefinden erhöht und auch zu einem gesunden physischen und psychischen Selbstbewußtsein führt.

Für Kup-Träger (Schüler) gibt es zwei festgelegte Übungsformen:

- **Palgue 1 bis 8 Jang**
- **Taeguk 1 bis 8 Jang**

Für Dan-Träger (Meister) sind es folgende Pflichtübungen:

- **Koryo** (Korea)
- **Kumgang** (Diamant)
- **Taebaek** (Berg – Symbol des Landes)
- **Pyongwon** (Ebene)
- **Shipjin** (Zehn)
- **Jitae** (Erde)
- **Chonkwon** (Himmel)
- **Hansoo** (Wasser)
- **Ilyo** (Einheit)

Im Taekwondo wird der menschliche Körper allgemein in drei Teile untergliedert:

- *Olgul* (Gesicht): der ganze Kopf bis zum Schlüsselbein,
- *Momtong* (Rumpf): vom Schlüsselbein bis zum Nabel,
- *Arae* (Unterleib): vom Nabel abwärts.

Speziell beim Training sind diese Körperteile für die verschiedenen Angriffs- und Abwehrtechniken von besonderer Bedeutung und haben folgendes *Übungsziel:*

- Olgul: *Injung* (Nasenrille),
- Momtong: *Myongchi* (Solarplexus),
- Arae: *Danjon* (Zwerchfell, ca. 5 cm unterhalb des Nabels).

Kyokpa (Bruchtest)

Kyokpa ist eine Disziplin, die den Europäern am meisten bekannt ist und von der allgemein angenommen wird, daß sie alleine das Taekwondo darstellt.

In Wahrheit zählt der Bruchtest zu den am wenigsten praktizierten Disziplinen des Taekwondo. Eigentlich wird er nie isoliert trainiert, sondern er ergibt sich zwangsläufig aus den anderen Trainingsübungen. Hat der Schüler während seines Grundtrainings noch nicht die Fähigkeit erreicht, einen Bruchtest auszuführen, dann ist er in seiner Technik noch nicht weit genug fortgeschritten, und er muß mit Gewalt und schmerzhaften Verletzungen ausgleichen, was ihm andere an Technik und sonstigem Können voraushaben.
Worin besteht nun dieses Können? Zuerst ist es die bis zu einem gewissen Grad vollendete Technik, des weiteren eine Schutzschicht an den entsprechenden Schlagpunkten der Arme und Beine. Jeder Körperteil, jeder Knochen wäre zu schwach, um bei einem Bruchtest der Härte eines Steines standzuhalten. Nur die Kraft des Geistes und des Willens – sie sind die wahren Urheber dieser Energien – ermöglicht eine derartige Leistung.

Jayu-kyorugi (Freikampf)

Alle Techniken, die der Schüler bisher im Grundtraining gelernt hat, werden nun im freien Kampf durchgeführt. Die starren Partnerübungen sind gelöst, und der imaginäre Gegner, den er bei der Poomse abgewehrt hat, ist jetzt ein echter Kämpfer. Im Freikampf wird die Beherrschung der Techniken unter schwierigen, dem Ernstfall entsprechenden Umständen bewertet.
Es gilt, eigene Techniken schnell und präzise anzubringen bzw. gegnerische Attacken im Ansatz zu erkennen und zu vereiteln. Alles, was der Kämpfer unternimmt, muß der

jeweiligen Situation angepaßt sein. Er muß selbständig und blitzschnell entscheiden. Er sollte jede Einseitigkeit im Kampfstil vermeiden, seine Kombinationsmöglichkeiten ausschöpfen, Kontertechniken anbringen und den Gegner so ins Hintertreffen bringen. Im rechtzeitigen Erkennen, Blocken und Kontern gegnerischer Angriffe besteht die eigene Überlegenheit. Bei aller Freiheit der Bewegungen unterliegt der Wettkämpfer jedoch strengen sportlichen Regeln.
Der sportliche Wettkampf mit Vollkontakt, der über drei Runden geht, fordert vom Athleten hervorragendes Können, eiserne Kondition, blitzschnelle Reaktion, Selbstdisziplin (Härte gegen sich selbst) und großen Mut.

Der Taekwondo-Sport stellt an den Schüler hohe physische und psychische Anforderungen, welche aber von jedem gesunden Menschen erfüllt werden können.

Was ist »Do«?

Da beim Taekwondo nicht allein der sportliche, sondern auch der geistige Wert im Vordergrund steht und in engem Zusammenhang mit dem Training zu sehen ist, sei dem »Do« ein eigener Abschnitt gewidmet:
»Do« ist der Weg, der Grundsatz (das Prinzip), die Lehre, die offene und unvoreingenommene subjektive Seele, die Geisteshaltung allgemein.

- *Weg* ist der Begriff des Lebens, d. h. ein Studium und eine Übungsmethode für Geist und Körper auf allen Lebenswegen.
- *Grundsatz* ist die Bildung von moralischem Denken (Höflichkeit), von Mut und Ausdauer, Selbstüberwindung, Gerechtigkeit, Menschlichkeit, Selbstdisziplin, Konzentration, Leistungswillen, Selbstkontrolle.
- *Lehre* ist ein System, das die harmonische Entwicklung des Körpers sowie die geistige und moralische Kultur zum Ziel hat. Dies umfaßt die körperliche Erziehung und Ertüchtigung mit der Ausbildung der psychischen Seite, d. h. des Wissens und der geistigen Kraft.

Die Geisteshaltung im Taekwondo

Werden die Taekwondo-Techniken richtig angewendet und beherrscht, so dient »Do«

- der *Tugend* (»Dok«) zur Vervollkommnung des Charakters durch die geistige und moralische Erziehung (z. B. Höflichkeit, Bescheidenheit, Ehrgefühl),
- dem *Edelmut* (»In«) zum körperlichen und geistigen Meistern des Ichs (z. B. Unermüdlichkeit, Selbstbeherrschung, Geduld, Gerechtigkeit) und
- der *Kunst* (»Ye«) zur Stärkung des Körpers und des Geistes durch die hohe Kunst des Fuß- und Handkampfes.

Damit beim Taekwondo die körperliche Kraft in die richtigen Bahnen gelenkt wird, ist es äußerst wichtig, daß alle Teilnehmer regelmäßig, diszipliniert und unter Einhaltung der Regeln am Training teilnehmen. Ferner müssen die Schüler innerlich gefestigt, d. h. nicht leicht erregbar sein.

Das höchste Ziel des Taekwondo-Trainings ist es, nicht rücksichtslos vorzugehen, sondern durch Disziplin und Körperbeherrschung die persönliche Geisteshaltung auszubilden.

Ohne die Beachtung dieser Ziele und Inhalte kann Taekwondo zu einem gefährlichen, ja brutalen Sport werden; dies wurde bereits weiter vorne erwähnt. Durch das wissenschaftlich kontrollierte Training von Taekwondo werden bestimmte Körperteile, z. B. Hände und Füße, in ihrer Funktion so verändert, daß sie ähnlich wie ein Messer, ein Hammer oder eine Lanze wirken. Das Erreichen dieser Fähigkeit hängt ab von einem kontinuierlichen Training, von Geduld und Ausdauer, von der Geisteshaltung und der Fähigkeit, alle Sinne und alle Kraft auf einen bestimmten Punkt zu konzentrieren. Selbst physisch schwächeren Menschen ermöglicht das Taekwondo-Training, einen starken Gegner durch schnelles, konzentriertes und zielgerichtetes Angreifen zu besiegen.

Ständiges Training verhilft einerseits dazu, geringe Kraft zu steigern, und andererseits, seine körperliche Kraft wirkungsvoll einzusetzen.

Während der Ausübung des Taekwondo-Sports wird der Körper gekräftigt, er wird geschmeidig, elastisch und stark. Neben dem körperlichen Wohlbefinden stellt sich eine geistig positive Haltung ein – ja, es vollzieht sich ein innerer Prozeß, der scheinbar im Gegensatz zu dieser doch recht harten Kriegskunst steht, sind doch, isoliert betrachtet, die erlernten Kenntnisse in der Hand eines Könners ein tödliches Instrument! Dennoch ist es der langen, strengen Schule des Taekwondo zuzuschreiben, daß so gut wie keine Schläger oder Rüpel aus dem Lager dieser Sportart kommen.

Taekwondo schult Geist *und* Körper.

Bereits die ersten Übungsphasen der Grundtechnik erhöhen Ausdauer und Willenskraft des Übenden. Ist diese Stufe erklommen, merkt der Schüler, daß nur mit Geduld etwas zu erreichen ist. Der Umgang mit dem Meister und den bereits weiter fortgeschrittenen Schülern lehrt ihn, höflich und bescheiden zu sein, führt aber auch zur Auseinandersetzung mit sich selbst und den anderen.
Beim sportlichen Wettkampf werden Eigenschaften wie Selbstbeherrschung, Ehrenhaftigkeit und Gerechtigkeit gefördert. Daneben lernt man durch fortdauerndes Training mit den Mitschülern das Gefühl der Zusammengehörigkeit kennen. Daraus entwickeln sich Eigenschaften wie Integrität, Treue und Hilfsbereitschaft. Das Zusammenwirken dieser Eigenschaften und deren stetige Weiterentwicklung wird mit dem Begriff »Do« verständlich gemacht.

Der Dojang (Übungsraum)

Der *Dojang* – ein Ort der inneren Sammlung – ist ein Raum, in dem junge und alte, männliche und weibliche Sportler ungeachtet ihrer Rassen- und Religionszugehörigkeit zusammenkommen, um Taekwondo zu trainieren und damit die Kunst zu entwickeln, ihre physischen, psychischen und ethischen Fähigkeiten und Wertvorstellungen zu verbessern. Voraussetzung zur Erreichung dieses Zieles ist die Anleitung durch einen sowohl geistig als auch körperlich gut geschulten Trainer.
Der Taekwondo-Lehrer *(Sabom)* schafft hier durch Autorität und Ausstrahlung eine Atmosphäre, in der sich der Schüler von seinen

Alltagsgedanken entfernt und konzentriert seinen Trainingsaufgaben widmet. Durch seine Erfahrung und mit pädagogischem Geschick hilft der Meister dem Schüler über auftauchende Schwierigkeiten hinweg. Nur wer selbst ein solches Training absolviert hat, kann ermessen, wie günstig sich strenge Selbstdisziplin und die dadurch entstandene Atmosphäre auf den eigenen Fortschritt auswirken.

Der Kyongle (Respektbezeugung)

Jeder Taekwondo-Sportler sollte lernen, nicht nur genau den Richtlinien zu folgen, sondern innerhalb wie außerhalb der Trainingsstätte gewisse Formen einzuhalten, wie sie die Geisteshaltung dieser Sportart lehrt. Der Respekt gegenüber einem höheren Gürtelträger sollte unbedingt gewahrt bleiben. Der koreanische Gruß *Kyongle* (sprich: Kyongne) setzt sich aus zwei Wörtern zusammen:

Kyong: Achtung (des Partners),
Le: Höflichkeit, Etikette.

Um seine Achtung gegenüber dem Trainingspartner zu erweisen, verbeugen sich beide und schauen sich in die Augen.
Beim Training: Vor und nach jedem Training gibt der höchste Gürtelträger (er steht links vom Trainer) das Kommando *»charyot sabom nim ke kyongle«*. Daraufhin verbeugen sich alle Sportler gleichzeitig vor ihrem Trainer.
Bei Partnerübungen und beim Kampf gibt der Trainer bzw. Kampfleiter das Kommando *»charyot, kyongle«* zur Begrüßung.

Das Kihap (Konzentrierte Kraft)

Das koreanische Wort *Kihap* setzt sich aus zwei Begriffen zusammen:

Ki: Geistes- und Körperkraft, d. h. Bioenergie,
Hap: auf einen Punkt konzentrieren.

Wie entsteht das Kihap?

Um Geistes- und Körperkraft mit der Technik zu vereinen, konzentriert man sich auf einen Punkt, sammelt seine Atemluft im Bauchraum und stößt diese dann beim Angriff mit einem lauten, kurzen Schrei *(»Yat«)* heraus, wobei folgendermaßen zu unterscheiden ist:

- **Poomse:** Hier gibt es ein oder zwei *Kihap,* d. h. bestimmte Stellen, die eine besondere Konzentration verlangen. Bei jedem Training und bei den Prüfungen wird darauf besonderes Augenmerk gelegt.
- **Partnerübungen** *(Hanbon-kyorugi):* Hier unterscheidet man zwischen Angreifer und Verteidiger: Das *Kihap* des Angreifers bedeutet, daß sich der Verteidiger auf eine konzentrierte Kontertechnik vorzubereiten hat; dann erfolgt das *Kihap* des Verteidigers, welches den Angriff auslöst.
- **Freikampf** *(Jayu-kyorugi):* Beim Kampf will man einerseits durch das *Kihap* den Gegner einschüchtern, andererseits jedoch gezielt angreifen.

Um einen besseren Überblick über Taekwondo insgesamt zu bekommen, sind an dieser Stelle die verschiedenen Techniken tabellarisch aufgeführt. In diesem wie in den folgendem Kapitel sind sie entsprechend ausführlich beschrieben. Im Übungsteil werden die einzelnen Bewegungsfolgen der Poomsen Palgue und Taeguk 1–8 Jang, Koryo, Kumgang sowie Taebaek detailliert in Wort und Bild dargestellt.

Taekwondo-Techniken im Überblick

Sogi	– Stellung	→ Seite 25
Makki	– Block, Abwehr	→ Seite 29
Konggyokki	– Angriffstechnik	→ Seite 32
☐ **Jirugi**	☐ Stoß mit der Faust	
☐ **Chirugi**	☐ Stich mit den Fingerspitzen	
☐ **Chigi**	☐ Schlag	
☐ **Chagi**	☐ Schlag, Tritt	
Poomse	– Kombination von Grundbewegungen gegen einen imaginären Gegner, Kunstbewegungsform	→ Seite 37 und 61 ff.
Hanbon-kyorugi	– Vorgegebene Partnerübung	→ Seite 38
Baljitki	– Steptechnik	→ Seite 41
Hosinsul	– Selbstverteidigungskunst	→ Seite 44
Kyokpa	– Bruchtest	→ Seite 46

Sogi (Stellung)

Die verschiedenen Stellungen bilden die Basis für fast alle Techniken im Taekwondo. Richtig ausgeführt, verhelfen sie in erster Linie zu einem festen Stand und einem ungewöhnlich hohen Gleichgewicht, das im Sport ganz generell und im Taekwondo im besonderen eines der wichtigsten Kriterien ist.
Es gibt einige Stellungen, die lediglich zur Vorbereitung des Trainings oder des Kampfes dienen; andere werden nur ganz kurz eingenommen, um eine Technik auszuführen oder um sich zu bewegen, wieder andere dienen der ständigen Kampfstellung.

Der Oberkörper wird immer aufrecht gehalten; Neigungen zur Seite, nach vorn oder nach hinten können Gleichgewichtsverlust bedeuten und der Kämpfende kann so in eine für den Kampfausgang ungünstige Lage geraten.
Im Moment der Stellungseinnahme muß immer ein ständiger Wechsel zwischen Spannung und Entspannung herrschen. Bliebe der ganze Körper stets locker, wären die ausgeübten Techniken zu schwach; wäre der Körper dagegen immer angespannt, so würde man viel zu schnell ermüden und die ausgeführten Techniken wären zu langsam.

Moa-sogi (Geschlossene Stellung)

Eine Stellung, bei der sich die Innenseiten der Füße berühren.

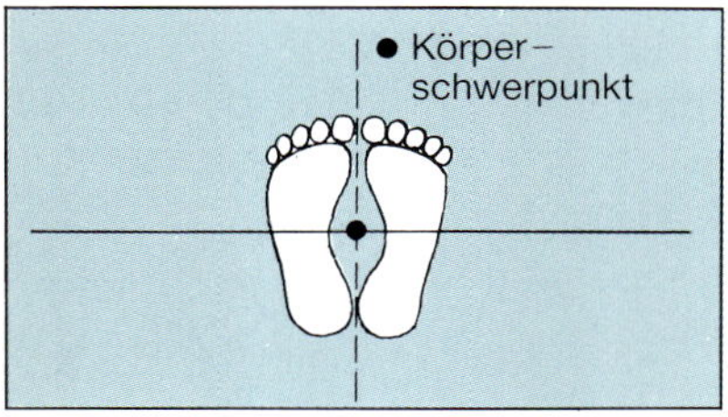

Charyot-sogi (Zehenoffene Stellung; Achtungsstellung)

Die Fersen berühren einander, die Füße zeigen 22,5° nach außen. Diese Stellung dient der Vorbereitung und der Konzentration, und so begrüßen sich die Taekwondo-Sportler.

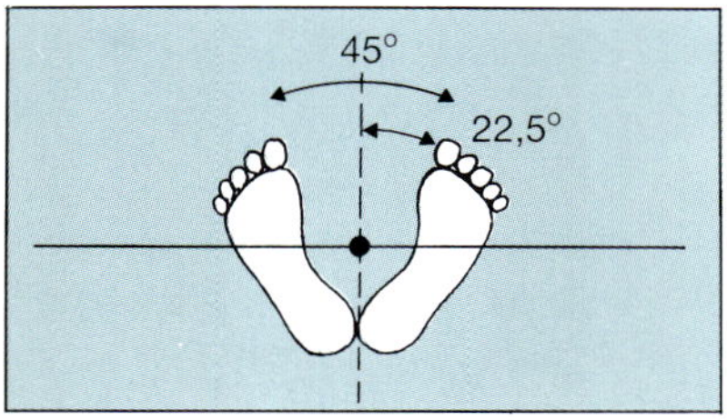

Kyorumse (Grundkampfstellung)

Aus Charyot-sogi wird zuerst der rechte Fuß zurückgesetzt. Abstand zwischen den Füßen: 1½ Schulterbreiten. Die Kniegelenke sind leicht gebeugt, die Fäuste werden vor der Brust gehalten. Der Schwerpunkt ist etwa in der Körpermitte. (Siehe Abbildung oben.)

Kyorumse (Grundkampfstellung)

Pyonhi-sogi (Zehenoffene Parallelstellung; Ausgangsstellung)

Die Füße stehen im Abstand von einer Fußlänge leicht nach außen (22,5°). Die Knie sind durchgedrückt.

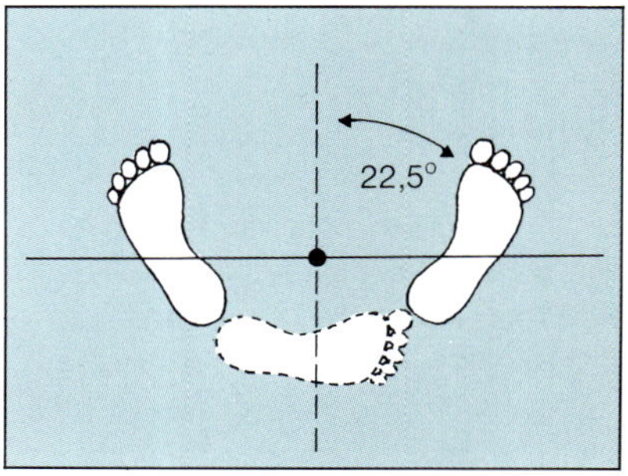

Naranhi-sogi (Offene Parallelstellung)

Die Füße stehen parallel zueinander mit einem Fuß Abstand. Diese Stellung ist auch eine typische Vorbereitungsstellung; eine andere Bezeichnung dafür ist **Junbi-sogi.**

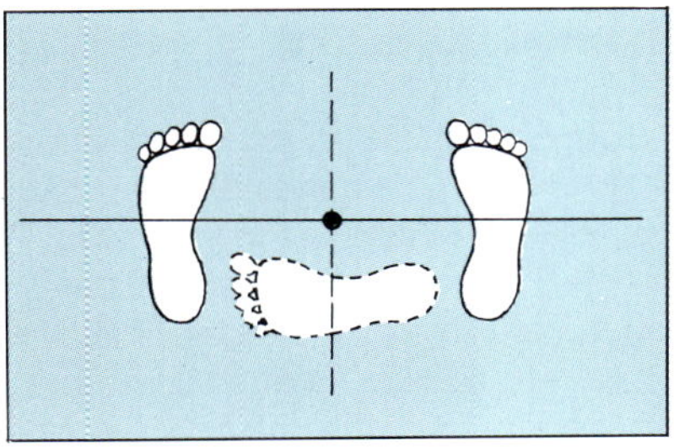

Juchum-sogi (Sitzstellung)

Beide Füße stehen fest und parallel zueinander am Boden. Der Abstand zwischen den Füßen beträgt ca. 2 Fußlängen. Die Knie sind leicht gebeugt (Winkel zwischen Ober- und Unterschenkel ca. 135°) und der Oberkörper ist aufrecht; das Körpergewicht ist genau auf beide Beine verteilt. **Juchumse** ist eine Haltung mit Juchum-sogi.

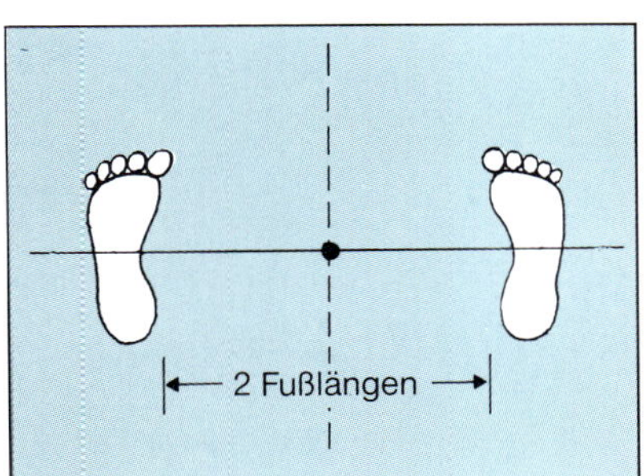

Apkubi (Vorwärtsstellung)

Beide Fußsohlen stehen fest auf dem Boden, die Zehen zeigen nach vorn. Der hintere Fuß kann um ca. 22,5° nach außen gedreht werden. Das hintere Bein ist gestreckt, das vordere leicht gebeugt. Der Oberkörper ist aufrecht, das Körpergewicht ruht in der Mitte zwischen beiden Füßen.

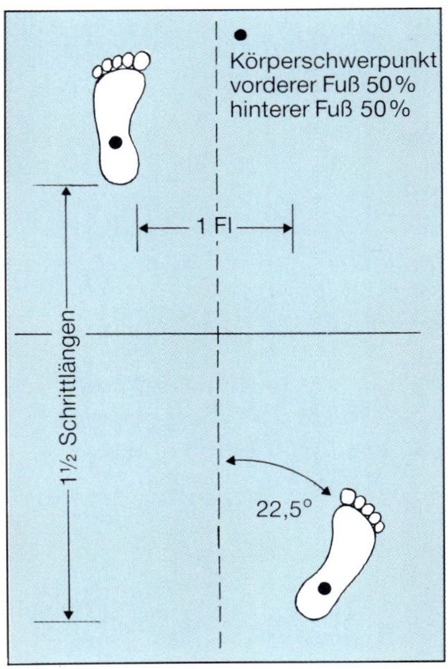

Apsogi (Kleine Vorwärtsstellung, Schrittstellung)

Beim normalen Vorwärtsgehen wird das Körpergewicht leicht auf den vorderen Fuß verlagert. Bleiben Sie so stehen **(Apsogi)** und behalten Sie diese Stellung bei. Der hintere Fuß zeigt um 22,5° nach außen. (Grafik siehe folgende Seite.)

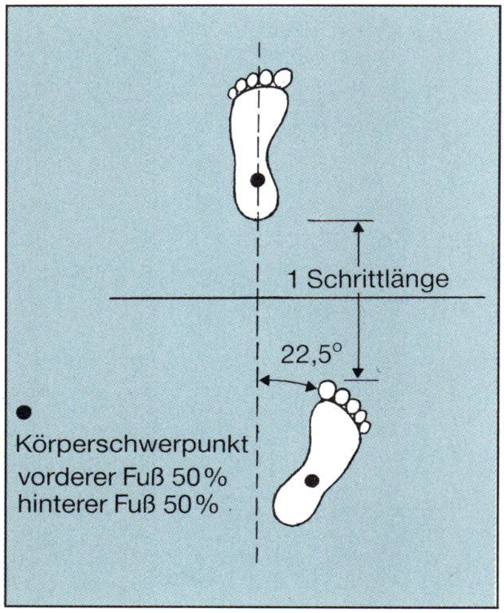

Apsogi (Vorwärts-, Schrittstellung)

Dwitkubi (Rückwärtsstellung)

Beide Füße stehen fest auf dem Boden. Der vordere Fuß zeigt nach vorn, der hintere 90° nach außen. Das hintere Knie ist so gebeugt, daß es über die Zehen des hinteren Fußes zeigt. Der Oberkörper ist aufrecht und befindet sich seitlich. Fast das gesamte Körpergewicht lastet auf dem hinteren Bein.

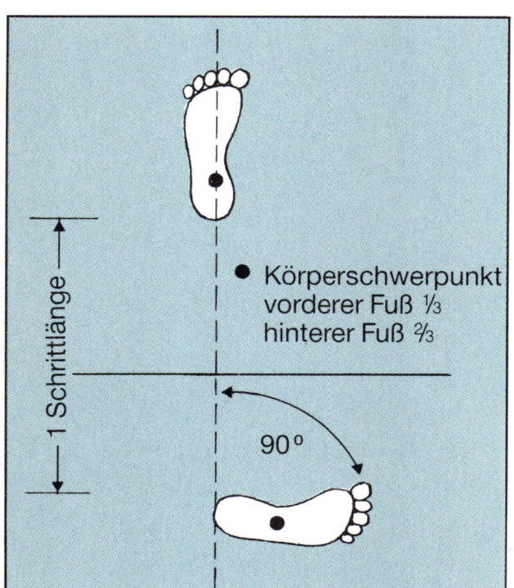

Bomsogi (Tigerstellung, kleine Rückwärtsstellung)

Ausgehend von Charyot-sogi wird ein Fuß eine Fußlänge nach vorn gesetzt. Die Ferse des vorderen Fußes wird nun angehoben, bis nur noch die Fußspitze ab dem Ballen den Boden berührt. Das Knie des hinteren Beines wird gebeugt, dadurch ist der Körper abgesenkt. Fast das ganze Körpergewicht lastet auf dem hinteren Bein.

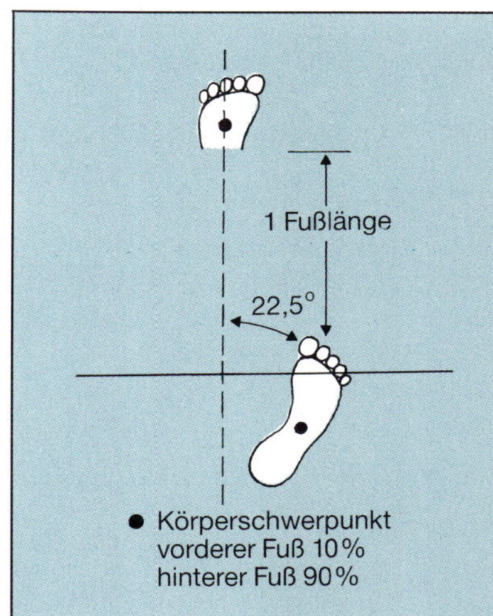

Hakdari-sogi (Kranichbeinstellung)

Diese Stellung dient der Vorbereitung eines Tritts. Der Standfuß steht fest am Boden, das Standbein ist leicht gebeugt. Der Fuß des anderen Beins wird bis zum Knie des Standbeins hochgezogen.

Kkoa-sogi (Überkreuzstellung)

Kkoa-sogi ist die typische Stellung für schnelle Seitwärts- bzw. Vorwärtsbewegungen. Die Beine sind überkreuzt. Der Fuß des Standbeins steht voll am Boden, der andere Fuß berührt vorerst nur mit dem Fußballen den Boden. Beide Knie sind leicht gebeugt. Der Oberkörper ist aufrecht, der Blick geht in Angriffsrichtung.
Es gibt zwei Ausführungen: **Apkkoa-sogi** (Seitwärtsbewegung: der unterstützende Fuß ist vorn) und **Dwitkkoa-sogi** (Vorwärtsbewegung: der unterstützende Fuß ist hinten).

Hakdari-sogi
(Kranichbeinstellung)

Kkoa-sogi
(Überkreuzstellung)

Makki (Block, Abwehr)

Abwehrtechniken sollen den Kämpfer vor Treffern schützen und auf einen möglichen Gegenangriff vorbereiten. Beim Training werden zwei Arten von Blocktechniken unterschieden:

- die schulmäßige Abwehr (Grundschule),
- die kampfmäßige Abwehr (Kampf).

Die in der *Grundschule* (z. B. Kombination, Poomse) gelehrte Abwehr umfaßt alle Abwehrtechniken, die ein Taekwondo-Kämpfer in jeder augenblicklichen Haltung optimal einsetzen sollte.
Die *kampfmäßige Verteidigung* wird ökonomisch auf den Bewegungsablauf abgestimmt, da dem Kämpfer für weit ausholen-

de Bewegungen fast keine Zeit bleibt. Abgewehrt wird aus der Deckung heraus.
Die meisten Blocktechniken funktionieren nach dem Prinzip der Ablenkung. Das heißt, eine sich schnell bewegende Masse, z. B. die Faust, wird nicht direkt gestoppt, sondern es wird nur die Richtung des Fauststoßes durch diverse Blocks verändert.
Natürlich gibt es auch Techniken, die einen Angriff direkt stoppen bzw. seine Geschwindigkeit soweit herabsetzen, daß z. B. ein Fuß im Moment des Auftreffens seine Wirkung verloren hat.

Arae-makki (Tiefblock)

In der Grundschule beginnt Arae-makki an der senkrechten Linie der gegenüberliegenden Schulter in Schulterhöhe, der Faustrücken zeigt nach oben. Der andere Arm (Faustrücken nach oben) kreuzt den Blockarm und wird gleichzeitig, während die Blocktechnik ausgeführt wird, aus der gestreckten Lage mit der Faust zur Hüfte in die Ausgangsstellung zurückgeführt. Die Bewegung des Blockarms endet ca. 25 cm über dem vorderen Knie, wobei der Arm in der Endphase leicht gebeugt ist. Die Schulter ist etwas vorgeschoben.
Abgewehrt wird mit dem äußeren Unterarm. Die Faust des Blockarms steht vor der Körpermitte.
Bei jeder Blocktechnik muß ein optimaler Wechsel zwischen Spannung und Entspannung herrschen, um die größtmögliche Wucht zu erreichen.

Momtong-makki (Rumpfblock)

In dieser Abwehrtechnik gibt es viele Variationen, je nach Haltung der Hände und Art der Abwehr. Die Standardform ist **Momtong-bakkat-makki** (siehe gegenüberliegende Seite). Abgewehrt wird mit dem äußeren oder inneren Unterarm, öfters aber mit dem äußeren Unterarm.

Arae-makki (Tiefblock)

Yop-makki (Seitblock)

An-makki (Innenblock)

Bakkat-makki (Außenblock)

Olgul-makki (Gesichtsblock)

Sonnal-makki (Handkantenblock)

Momtong-yop-makki (Rumpf-Seitblock)

Dieser Block beginnt an der gegenüberliegenden Hüfte. Die Faust des Blockarms ist nach oben gedreht und der andere Arm kreuzt ihn. Am zurückgehenden Arm – Faust zeigt zur Hüfte – geht der Blockarm außen vorbei und wird kurz vor dem Endpunkt mit dem Innenarm nach oben gedreht. Maximale Beschleunigung und Spannung im letzten Drittel der Gesamtbewegung. Der Arm ist im Ellbogengelenk um 90° gebeugt.

Momtong-an-makki (Rumpf-Innenblock)

Hier wird mit dem äußeren Unterarm (Bakkat-palmok) von außen nach innen zum Rumpf abgewehrt. Man setzt seitlich des Körpers an und bringt dann den Arm mit der geballten Faust nach vorn. Kurz vor dem Ziel wird der Unterarm gegenüber der Mitte des Körpers nach innen gedreht.

Momtong-bakkat-makki (Rumpf-Außenblock)

Hier wird mit dem äußeren Unterarm (Bakkat-palmok) zum Rumpf von innen nach außen abgewehrt.

Olgul-makki (Gesichtsblock)

Der blockende Arm wird beim Üben direkt von der Hüfte vor dem anderen Arm nach oben geführt und im letzten Moment mit dem äußeren Unterarm nach oben gedreht. Optimale Beschleunigung und Spannung im letzten Drittel der Gesamtbewegung.

Sonnal-makki (Handkantenblock)

Abwehr mit den Handkanten vor der linken bzw. rechten Rumpfseite. Eine Handkante seitwärts zur Schlagabwehr nach außen drehen, die andere (Handfläche zeigt nach oben) ist ca. 3 cm vor dem Solarplexus.

Hechyo-makki (Beiseite-Schubblock)

Beide Arme werden vor der Brust gekreuzt und zwar so, daß die Faustrücken nach vorn zeigen. Dann führt man beide Arme seitlich nach vorn, wobei deren Außenseite nach auswärts gedreht wird. Die Endphase der Bewegung ist erreicht, wenn sich beide Fäuste gegenüber den Schultern befinden. Die Arme sind etwa 90° angewinkelt, die Ellbogen sind leicht nach außen gerichtet.

Hechyo-makki (Beiseite-Schubblock)

Weitere Abwehrtechniken

Nullo-makki	– Abwärtsblock mit den Handballen
Han-sonnal-makki	– Block mit einer Handkante
Otgoro-makki, z. B.	– Kreuzabwehr (Block mit gekreuzten Armen)
Otgoro-arae-makki	Tiefkreuzblock
Otgoro-olgul-makki	Gesichtskreuzblock
Goduro-makki, z. B.	– Abwehr mit Unterstützung
Goduro-arae-makki	Tiefblock mit Unterstützung
Goduro-momtong-makki	Rumpfblock mit Unterstützung
Goduro-olgul-makki	Gesichtsblock mit Unterstützung

Konggyokki (Angriffstechnik)

Die Angriffstechniken des Taekwondo werden zu den verschiedensten Zwecken angewandt. Während die einen Technikarten betäuben, da durch sie der Blutkreislauf unterbrochen wird, halten andere vom Angriff ab, da sie an ungefährlichen Körperstellen zwar schwächer, aber doch schmerzhaft eingesetzt werden. Wieder andere Techniken führen zu schweren inneren und äußeren Verletzungen, die sogar lebensgefährlich sein können.

Die Angriffstechniken unterteilen sich in Hand-(Arm-) und Fuß-(Bein-)techniken:

- **Jirugi:** Stoß mit der Faust
- **Chirugi:** Stich mit den Fingerspitzen
- **Chigi:** Schlag
- **Chagi:** Schlag, Tritt

Baro-jirugi (Gegenseitiger Stoß)

Bandae-jirugi (Gleichseitiger Stoß)

Die mit der Hand auszuführenden Stoß- und Stichtechniken sind am schnellsten für den Angriff nutzbar. Die Schlagtechniken sind etwas langsamer, aber nicht weniger wirkungsvoll. Am langsamsten sind die Fußtechniken, dafür haben sie aber noch größere Durchschlagkraft.

Handtechniken

Jirugi (Rumpfstoß)

Jirugi bedeutet: mit der Faust aus der Hüfte zum Ziel stoßen.
Die Faust muß beim Aufprall (auch beim imaginären) immer fest geballt sein und mit großer Geschwindigkeit aus der Hüfte geschleudert werden. Da die von der Faust zurückzulegende Entfernung möglichst gering sein muß oder soll, wird sie durch eine Drehung von 180° zusätzlich beschleunigt, d. h. der Faustrücken wird nach unten gedreht, bevor man die Faust aus der Hüfte reißt.

Während die zum Boxen benützte Faust in Bewegung gesetzt wird, zieht man die andere Faust mit einer Drehbewegung wieder zur Hüfte zurück (Prinzip der Gegendrehung); außerdem soll man zu Beginn des Fauststoßes die Hüfte leicht nach oben strecken und beim Aufprall wieder senken. Der Stoß erreicht damit seine größte Wirkung. Die Hüft- und Bauchmuskeln müssen beim Aufprall angespannt sein.

Baro-jirugi (Gegenseitiger Stoß)

Diese Handtechnik wird mit der Faust jener Körperseite ausgeführt, auf welcher der Fuß zurückgestellt ist (Prinzip der Gehbewegung).

Bandae-jirugi (Gleichseitiger Stoß)

Diese Handtechnik wird mit der Faust jener Körperseite ausgeführt, auf welcher der Fuß vorgestellt ist.

Sonnal-chigi (Handkanten-schlag)

Apchagi (Vorwärtstritt)

Dollyo-chagi (Drehschlag)

Sonnal-chigi (Handkantenschlag)

Die Handkante wird folgendermaßen gebildet: Die Finger sind gestreckt und der Daumen ist angewinkelt. Getroffen wird mit der Handkante zwischen dem kleinen Finger und dem Handgelenk.

Beintechniken

Apchagi (Vorwärtstritt)

Bei dieser Technik muß das kickende Bein sehr nahe am Standbein vorbeigeführt werden, wobei das Standbein häufig um ca. 60° nach außen gedreht wird.
Das Knie des Kickbeines muß möglichst hoch geführt werden, der Kniegelenkswinkel wird verkleinert, sodann wird das Bein wieder durchgestreckt.
Der Gegner muß mit dem Fußballen getroffen werden; das bedeutet, die Zehen sind im Moment des Aufpralls nach hinten in Richtung des Fußrückens angezogen.

Dollyo-chagi (Drehschlag)

Knie und Oberschenkel des schlagenden Beines werden durch die Beugung des Hüftgelenks gehoben. Gleichzeitig muß eine Schnappbewegung des angezogenen Unterschenkels nach vorn ausgeführt werden. Dabei wird das Standbein zwischen 90 und 120° gedreht.
Im Kampf trifft man den Gegner mit dem Fußrücken, beim Bruchtest trifft man mit dem Ballen.
Dollyo-chagi wird im Wettkampf am häufigsten angewendet; die Technik ist sehr wirkungsvoll, die Angriffsziele sind der Rumpf oder das Gesicht des Gegners.

Yop-chagi (Seitwärtstritt)

(Abbildung s. gegenüberliegende Seite)

Knie und Oberschenkel werden durch die Beugung des Hüftgelenks gehoben. Der Tritt des gebeugten Schlagbeines wird durch eine Drehung des Rumpfes zum Ziel hin unterstützt. Fuß und Zehen sind dabei angewinkelt. Die Fußkante wird waagerecht zum Boden gehalten und das Knie des Schlagbeines muß tiefer als dessen Ferse

Yop-chagi (Seitwärtstritt)

Dwitchagi (Rückwärtstritt)

gehalten werden. Nach korrekter Ausführung ist das kickende Bein vollkommen durchgestreckt.

Dwitchagi (Rückwärtstritt)

Das Standbein wird um 180° nach hinten gedreht. An ihm wird das kickende Bein dicht vorbeigeführt und der Gegner wird mit der Fußkante oder mit der Fußsohle getroffen. Das Knie des kickenden Beines muß möglichst tief gehalten werden, bis das Bein durchgestreckt und angespannt ist.
Dieser Kick eignet sich besonders gut als Konterkick, bedarf jedoch einer intensiven Trainingsarbeit, um ihn exakt auszuführen.

Dwi-dollyo-chagi (Rückwärts-Drehschlag)

Das Standbein stellt die Achse für eine Drehung um 180 bzw. 360° dar. Das Kickbein wird durch die Drehung des Körpers um seine Längsachse beschleunigt. Das Ziel wird mit der Ferse oder gesamten Fußsohle getroffen.
Hält man das kickende Bein völlig gestreckt, so wird es nur durch die Körperdrehung beschleunigt. Winkelt man aber vor dem Aufprall zusätzlich noch den Unterschenkel an, so erzielt man dadurch in der Endphase eine zusätzliche Beschleunigung; die Wucht beim Aufprall verdoppelt sich dadurch.
Das Ziel des Angriffs ist das Gesicht des Gegners.

Dwi-dollyo-chagi (Rückwärts-Drehschlag)

Angriffstechniken im Überblick

Jirugi (Stoßtechnik)	
Baro-jirugi	– Gegenseitiger Stoß
Bandae-jirugi	– Gleichseitiger Stoß
Yop-jirugi	– Seitwärtsstoß
Dollyo-jirugi	– Halbkreisstoß, Drehstoß
Naeryo-jirugi	– Abwärtsstoß
Chi-jirugi	– Aufwärtsstoß
Sewo-jirugi	– Vertikalstoß
Jechyo-jirugi	– Stoß mit nach oben gedrehter Faust
Chirugi (Stichtechnik)	
Pyonsonkut-sewo-chirugi	– Finger(spitzen)stich senkrecht
Pyonsonkut-opo-chirugi	– Fingerstich waagrecht
Pyonsonkut-jechyo-chirugi	– Fingerstich mit nach oben gedrehter Handfläche
Gawisonkut-chirugi	– Fingerstich in Scherenform
Chigi (Schlagtechnik)	
Anchigi	– Schlag nach innen
Apchigi	– Schlag nach vorn
Bakkat-chigi	– Schlag nach außen
Naeryo-chigi	– Abwärtsschlag
Ollyo-chigi	– Aufwärtsschlag
z. B. mit **Palgup**	z. B. mit Ellbogen
Jumok, Murup	Faust, Knie
Chagi (Trittechnik)	
Apchagi	– Vorwärts(fuß)tritt
Yop-chagi	– Seitwärtstritt
Dollyo-chagi	– Halbkreistritt, Drehschlag
z. B. **Bandal-chagi**	Mischformen von Apchagi und Dollyo-chagi
Baldung-dollyo-chagi	Dollyo-chagi mit dem Rist
Bakkat-dollyo-chagi	Auswärtsdrehschlag
Dwi-dollyo-chagi (Mom-dollyo-chagi)	Rückwärtsdrehschlag
Huryo-chagi (An)	– Peitschenschlag (nach innen)
z. B. **Bakkat-huryo-chagi**	z. B. Peitschenschlag nach außen
Milo-chagi	– Schubkick
z. B. **Ap-milo-chagi**	z. B. Schubkick nach vorn
Yop-milo-chagi	Schubkick zur Seite

Naeryo-chagi	– Abwärtstritt
Twio-chagi	– Tritt im Sprung
z. B. **Twio-apchagi**	z. B. Apchagi im Sprung
Twio-yop-chagi	Yop-chagi im Sprung
Twio-dollyo-chagi	Dollyo-chagi im Sprung
Twio-dwi-dollyo-chagi	Dwi-dollyo-chagi im Sprung
Gawi-chagi	– Tritt mit beiden Beinen gespreizt (Scherentritt)
Modumbal-chagi	– Tritt mit beiden Füßen gleichzeitig gegen das Ziel
z. B. **Modumbal-apchagi**	z. B. Tritt mit den Füßen vorwärts
Modumbal-yop-chagi	Tritt mit den Füßen seitwärts
Dubaldangsong	– Tritt mit beiden Füßen nacheinander im Sprung

Poom und Poomse

Bewegungsform und Kombination von verschiedenen Bewegungen gegen einen imaginären Partner

Den Poomsen [Pumsen] ist der umfangreiche Übungsteil gewidmet (s. Seite 66 ff.).

Als Ergänzung zum Technikkapitel sind unten in tabellarischer Reihenfolge einige typische Bewegungsabläufe bzw. Hand- und Armstellungen genannt, die im Übungsteil wiederkehren. Ebenfalls bezeichnet sind die genauen Stellen der Bewegungen innerhalb der einzelnen Poomsen:

Wichtige Poom aus den verschiedenen Poomsen

Bo-jumok	Taeguk 7 Jang (11)
Dolchogwi	Scharnier
z. B. **Jagun-dolchogwi**	Palgue 8 Jang (16, 22)
Kun-dolchogwi	Kumgang (9, 10, 16, 17, 19, 20, 26, 27)
Dwi-chigi	Palgue 8 Jang (31)
Dwi-jirugi	Palgue 8 Jang (34, 35)
Gawi-makki	Palgue 5 Jang (1, 10, 24); Taeguk 7 Jang (12, 13)
Gyopson	Palgue 8 Jang (32)
Jebipum-mok-chigi	Palgue 6 Jang (6); Taeguk 4 Jang (5, 13); Taebaek (5)
Jebipum-tok-chigi	Palgue 6 Jang (15)
Kumgang-makki	Kumgang (8, 15, 18, 25)
Kumgang-momtong-makki	Palgue 4 Jang (1, 4, 11, 14); Taebaek (9, 14)
Monge-paegi	Jochbefreiung: Palgue 8 Jang (33)
Oesantul-makki	Palgue 7 Jang (21); Taeguk 8 Jang (5, 7)
Pyojok-chigi	Palgue 7 Jang (20); Taeguk 7 Jang (21, 23); Koryo (26)
Pyojok-jirugi	Koryo (17, 22)
Santul-makki	Kumgang (11, 14, 21, 24)

Kombination der Grundtechniken

Wenn die Grundtechniken beherrscht werden, kann der Taekwondo-Schüler daran gehen, die einzelnen Techniken miteinander zu kombinieren (siehe unten). Dies dient der Vorbereitung für die Palgue- und Taeguk-Poomse, wie zum Beispiel bei **Apchagi** (Vorwärtstritt) und **Yop-chagi** (Seitwärtstritt). Trainiert werden:

- beim Vorgehen **Apkubi** (Vorwärtsstellung) zur Gleichgewichtsschulung,
- beim Zurückgehen **Kyorumse** (Grundkampfstellung) für den praktischen Wettkampf.

Hanbon-kyorugi (Partnerübung)

Wichtige Kriterien für das Hanbon-kyorugi

- *Geist:* Blick, geistige Konzentration.
- *Bewegung:* Genauigkeit in Angriff und Abwehr, richtige Entfernung (Distanzregulierung).
- *Kihap:* Atmungskontrolle. Kampfschrei zur Mobilisation von innerer Kraft *(Ki)* und Konzentration als Signal zum Angriff und zur Verteidigung.
- *Kraft:* Richtiges Dosieren des Krafteinsatzes (stark/schwach).

Gibon-dongjakse (Kombination der Grundtechniken)

Technik	Stellung nach vorn	Stellung nach hinten
1. **Arae-makki**	**Apkubi**	**Apsogi**
2. **Momtong-bandae-jirugi**	**Apkubi**	**Apsogi**
3. **Momtong-yop-makki** →	**Dwitkubi**	
Momtong-bakkat-makki		**Apkubi**
4. **Momtong-makki** →	**Apkubi**	
Momtong-an-makki		**Apsogi**
5. **Apchagi**	**Apkubi**	**Kyorumse**
6. **Sonnal-chigi** →	**Apkubi**	
Sonnal-anchigi		**Apsogi**
7. **Olgul-makki**	**Apkubi**	**Apsogi**
8. **Yop-chagi**	**Apkubi**	**Kyorumse**
9. **Sonnal-momtong-makki**	**Dwitkubi**	**Dwitkubi**
10. **Momtong-baro-jirugi**	**Apkubi**	**Apsogi**

Hinweise:
Sijak: Am Anfang von Junbi-sogi aus, mit dem rechten Fuß zurücktretend, beginnen.
Zum Schluß von **Apsogi** auf **Apkubi:** Momtong-baro-jirugi (Kihap).
Guman: Wieder zurück mit dem hinteren Fuß **(Junbi-sogi).**

- *Ausdehnung des Körpers:* Elastizität des Körpers.
- *Gewandtheit:* Spezielle Begabung.

Grundprinzipien

1. Beide Sportler stehen sich in einer Entfernung von etwa 1 m gegenüber.
2. Vor und nach jeder Begegnung verbeugen sich beide voreinander.
3. Während der gesamten Übungszeit halten die Partner Blickkontakt.
4. Beide Sportler wechseln sich mit Angriff und Verteidigung ab.
5. Die Abfangbewegung mit einem angemessenen Abwehr»werkzeug« erfolgt unmittelbar vor dem Auftreffen des Angriffs»werkzeuges« auf einer kritischen Körperstelle.
6. Das Ausweichen sollte in einem solchen Abstand vom Partner stattfinden, daß der Gegenangriff ohne Schwierigkeiten in einer Bewegung erfolgen kann.
7. Der Gegenangriff sollte sofort nach der letzten Verteidigungsbewegung erfolgen.
8. Jeder der beiden Partner wendet die Techniken an, die er aus Übungsfiguren oder Grundübungen gelernt hat.
9. Die rechts- und linksgerichteten Angriffs- und Verteidigungstechniken sollten gleichmäßig oft angewandt werden.

Handtechnik

Übung:
Junbi-sogi (Vorbereitungsstellung)
Konggyokki (Angriffstechnik)
Bangoki (Blocktechnik)

Bewegungsablauf:

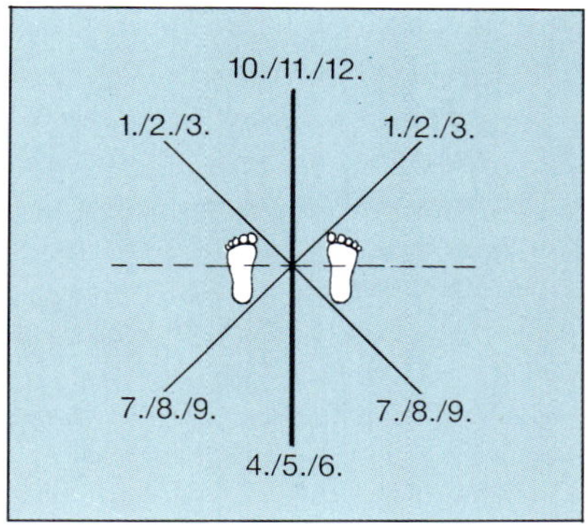

bei 1./2./3.:
Juchum-sogi
bei 4./5./6.:
Dwitkubi: ⅔ rückwärts, ⅓ vorwärts
bei 7./8./9.:
Apkubi: 1 Schritt rückwärts, ½ Schritt vorwärts
bei 10./11./12.:
Apsogi: 1 Schritt vorwärts

Erläuterung:

Oen:	links	aps:	Apsogi
Orun:	rechts	d:	Dwitkubi
a:	Apkubi	j:	Juchum-sogi

→ Alle Techniken sollen rechts und links beherrscht und ausgeführt werden. Die folgenden Aktionen wurden der Einfachheit halber nur rechtsseitig dargestellt.

Aktion:
1. **Oen-sonnal (Olgul-bakkat)-makki**
   Orun-momtong-jirugi und **Oen-momtong-jirugi / j**
2. **Oen-sonnal-bakkat-makki**
   Orun-sonnal-mok-chigi und **Orun-sonnal-bakkat-chigi / j**
3. **Oen-sonnal-bakkat-makki**
   Orun-momtong-jirugi / j und **Oen-palgup-apchigi / a**
4. **Orun (Palmok)-olgul-an-makki / d**
   Orun-palgup-yop-chigi und **Dungjumok-chigi / j**
5. **Orun-olgul-an-makki / d**
   Oen-momtong-baro-jirugi und **Orun-dungjumok-apchigi / a**
6. **Orun-olgul-an-makki / d**
   Oen-orun-palgup-dwichigi / j
7. **Oen-sonnal-olgul-bakkat-makki**
   Orun-olgul-baro-jirugi / a und **Oen-momtong-yop-jirugi / d**
8. **Oen-sonnal-olgul-bakkat-makki**
   Orun-sonnal-anchigi / a und **Oen-sonnal-bakkat-chigi / d**
9. **Oen-sonnal-olgul-bakkat-makki / a**
   Orun-sonnaldung-anchigi / a und **Oen-sonnaldung-momtong-chigi / d**
10. **Oen-sonnal-olgul-bakkat-makki**
    Orun-batangson-tokchigi und **Oen-batangson-tokchigi / aps**
11. **Oen-sonnal-olgul-bakkat-makki**
    Orun-agumson-mokchigi und **Oen-gawisonkut-chirugi / aps**
12. **Otgoro-olgul-makki**
    Hechyo-makki, Sewo-jirugi und **Jechyo-jirugi / aps**

Fußtechnik

Übungsablauf:
1. Schüler A und B stellen sich im Abstand von ca. 1 m frontal zueinander auf.
2. Vor und nach jeder Aktion verbeugen sie sich voreinander.
3. Der Trainer gibt erst das Kommando *Charyot* (Achtungshaltung), dann *Kyongle* (Gruß).
4. Der Trainer gibt das Kommando zur **Kyorumse** (Grundkampfstellung) **Junbi** (zuerst mit rechtem Fuß zurück).
5. Dann kommt von ihm das Kommando zum *Sijak* (Kampfbeginn).
6. A (Angreifer): *Yat*-Schrei *(Kihap)* zum Angriff (Frage an den Kampfpartner).
   B (Verteidiger): *Yat*-Schrei als Antwort (bereit zur Verteidigung).
   Beispiel:
   A führt Angriffsaktion aus (z. B. **Ap-chagi**).
   B führt eine entsprechende Abwehraktion aus.

→ Alle Techniken sollen rechts und links beherrscht und ausgeführt werden.

Aktion:

1\. Technik: a) Ausweichen mit dem rechten Fuß (rF) ca. 45° nach rechts-hinten / Diagonal-Step.
b) **Apchagi** mit dem rF.

2\. Technik: a) Wie bei 1a).
b) **Dollyo-chagi** mit dem rF.

3\. Technik: a) Wie bei 1a).
b) **Huryo-chagi** oder **Naeryo-chagi** mit dem rF.

4\. Technik: a) Wie bei 1a).
b) **Yop-chagi** mit dem linken Fuß (lF).

5\. Technik: a) Wie bei 1a).
b) **Dwitchagi** mit dem rF.

6\. Technik: a) Wie bei 1a).
b) **Dwi-dollyo-chagi** mit dem rF.

7\. Technik: a) Ausweichen, indem der vordere Fuß zum hinteren herangezogen wird.
b) Gleichzeitig mit dem hinteren Fuß **Dollyo-chagi** ausführen.

8\. Technik: a) Ausweichen, indem der vordere Fuß ca. 30° hinter den hinteren Fuß zurückgesetzt wird, danach sofort
b) mit dem vorderen Fuß **Apmilo-chagi** oder **Naeryo-chagi** ausführen (Gleitangriff).

9\. Technik: a) Ausweichen mit Rückstep.
b) **Bakkat-huryo-chagi** mit Startstep.

10\. Technik: a) Ausweichen mit Schließstep rückwärts.
b) **Yop-chagi** mit Schließstep vorwärtsgehend (Gleitangriff).

11\. Technik: a) Wie bei 10a).
b) **Dwitchagi** (Gleitangriff).

12\. Technik: a) Wie bei 10a).
b) **Twio-dwi-dollyo-chagi** (Gleitangriff).

Anmerkung: Die Techniken unter 10., 11. und 12. sollen mit offener sowie geschlossener Seitstellung geübt werden.

Baljitki (Steptechnik)

Was ist Steppen?

Die sogenannte Steptechnik, unentbehrlich im modernen sportlichen Wettkampf, ist die Basis jeder Körperverlagerung. Hier kommt es darauf an, den Körperschwerpunkt geschickt von einem Punkt zum anderen zu verschieben. Beherrscht man die Steptechnik, so bedeutet dies, daß das Gleichgewicht des Körpers optimal ausbalanciert ist.
Bei der Step-Übung ist es sehr wichtig, daß der ganze Körper – einschließlich der Faust –

ohne jede Muskelverspannung gehalten wird. Des weiteren müssen die Füße möglichst nahe am Boden entlanggleiten, um den Körper im Gleichgewicht zu halten. Eine entscheidende Rolle spielt das Steppen auch bei der Abwehr, dem Angriff und der Ablenkung des Gegners durch Täuschungsmanöver.

Steptraining und was dabei zu beachten ist

1. Step-Übungen auf der Stelle ausführen.
2. Hüpfende Bewegungen sind zu vermeiden; beim Steppen soll man locker auf den Fußballen stehen.
3. Die Füße dürfen in keinem Fall zusammenkommen.
4. Links- *und* rechtsseitige Kampfstellung trainieren.
5. Die Bewegungen müssen schnell ausgeführt werden. Der Übende kämpft immer mit einem *imaginären Gegner.*

Das **Trainingsziel** ist die Entwicklung der maximalen Reaktionsschnelligkeit, indem man mittels der Steptechnik das Gleichgewicht des Körpers optimal ausbalanciert. Merkmale des Step-Techniktrainings sind:

- Bewegungskoordination.
- Kontrolle der Distanz und des Timings (z. B. Stellung, Position des Gegners).
- Bewegungsschnelligkeit und exakte Bewegungsausführung.
- Stabiler Bewegungsrhythmus.

Belastungsmethode beim Steptraining

- *Intensive Intervallmethode:* 5- bis 10maliges Ausführen der Übung mit 50- bis 80prozentiger Intensität.
- *Bewegungstempo:* schnellstmögliche (explosive) Bewegungsausführung der Übungsserien. Nach jeder Serie (bestehend aus 4–6 Übungen) Pause von 2–5 Minuten.
- *Trainingseffekt:* Steigerung der speziellen Ausdauer (Schnelligkeitsausdauer) und der Schnellkraft.

Steptechniken und ihre Ausführung

Erläuterung:

A:	**Apchagi**	BH:	**Bakkat-huryo-chagi**
D:	**Dollyo-chagi**		
Dwi:	**Dwitchagi**	AM:	**Ap-milo-chagi**
N:	**Naeryo-chagi**	YM:	**Yop-milo-chagi**
H:	**Huryo-chagi**		

Aktion:

1. **Naga (Startstep):** A – D – Y – H – BH.
   - Aus Kyorumse z. B. linken Fuß (lF) nach vorn, rechten Fuß (rF) nach hinten.
   - Mit rF einen Schritt vor, dann mit lF Angriff.

   Diese Steptechnik eignet sich besonders zum Angriff.
2. **Dwidolla (Rückwärts-Drehstep):** D – Y – H – AM.
   - Aus Kyorumse (wie oben).
   - Mit rF um 180° rückwärtsdrehen, dann mit lF angreifen.
3. **Bikyo (Diagonalstep):** A – D – M – H – N.
   - Wie oben.
   - Mit hinterem rF diagonal ausweichen und sofort mit dem gleichen Fuß (rF) angreifen.

4. **Mullo (Rückstep):** D – N – H – Y – Dwi.
   - Wie vorher.
   - Den vorderen Fuß einen Schritt nach hinten setzen.
   - Von dieser Stellung aus können beide Füße zum Angriff benutzt werden.
5. **Moa (Schließstep):** Y – M – Dwi.
   - Aus Yop-kyorumse oder Kyorumse.
   - Den hinteren Fuß zum vorderen heranziehen, Beine schließen und mit dem vorderen Fuß sofort angreifen.
6. **Kkoa (Kreuzstep):** D – Y – H.
   - Aus Yop-kyorumse oder Kyorumse.
   - Den hinteren Fuß vor den vorderen setzen und mit dem vorderen Fuß sofort angreifen.
7. **Kullomoa (Schaltstep):** D – AM – N – Y – H.
   - Aus Kyorumse.
   - Den vorderen Fuß zum hinteren heranziehen und gleichzeitig mit dem hinteren angreifen.
8. **Dullo (Fußhebestep):** D – AM – N – Y – H.
   - Wie oben.
   - Steppen auf einem Bein:
     a) Jagen bei gehobenem vorderen Fuß.
     b) Jagen, indem der hintere Fuß gehoben und nach vorn gebracht wird.

Kontertechniken

Im folgenden sind stichpunktartig Kontertechniken aufgeführt, wie sie innerhalb eines Übungsablaufs (oder eines Kampfes) erforderlich werden:

Erläuterung:

Stellung:	OS:	Offene Stellung
	GS:	Geschlossene Stellung
Step:	StS:	Startstep
	KS:	Kreuzstep
	DS:	Diagonalstep
	SS:	Schließstep
	ScS:	Schaltstep
	RS:	Rückstep
Tritt/Bein:	vF:	vorderer Fuß
	hF:	hinterer Fuß
Stoß/Hand:	vH:	vordere Hand
	hH:	hintere Hand

Aktionsfolge:

Angriffstechnik	Stellung	Step	Tritt/Bein Stoß/Hand	Kontertechnik	Step	Tritt/Bein Stoß/Hand
1. **Dollyo-chagi**	OS		hF	**Milo-chagi**		vF
			hF	**Dwitchagi**		hF
			hF	**Momtong-jirugi**	DS	vH
	GS	KS	vF	**Dwi-dollyo** bzw.		hF
				Dwi-huryo-chagi		hF
		KS	vF	**Naeryo-chagi**		vF

Angriffstechnik	Stellung	Step	Tritt/Bein Stoß/Hand	Kontertechnik	Step	Tritt/Bein Stoß/Hand
2. **Apchagi**	GS		hF	**Dollyo-chagi**	DS	hF
			hF	**Apchagi**	DS	hF
			hF	**Yop-chagi**	DS	vF
			hF	**Naeryo** bzw.	DS	hF
				Anhuryo-chagi	DS	hF
			hF	**Dwi-huryo-chagi**	DS	hF
			hF	**Momtong-jirugi**	DS	hH
3. **Yop-chagi**	OS, GS	SS	vF	**Naeryo** bzw.		hF
				Anhuryo-chagi	DS	hF
	GS	SS	vF	**Dwi-dollyo-chagi**	KS	hF
	OS	SS	vF	**Apchagi**	DS	hF
		SS	vF	**Yop-chagi**	DS	vF
		SS	vF	**Dollyo-chagi**	StS	hF
		SS	vF	**Momtong-jirugi**	DS	hH
4. **Dwitchagi**	OS		hF	**Dollyo-chagi**	DS	hF
	GS		hF	**Dollyo-chagi**	ScS	hF
5. **Dwi-dollyo-chagi**	GS		hF	**Apmilo**	DS	hF
			hF	**Dollyo-chagi**	DS	hF
			hF	**Dwi-dollyo-chagi**	RS	hF
			hF	**Momtong-jirugi**	DS	hH
6. **Momtong-jirugi**	OS	StS	hH	**Dwitchagi**		hF
		StS	hH	**Dwi-dollyo-chagi**		hF

Hosinsul (Kunst der Selbstverteidigung)

Hosinsul erfordert ein Höchstmaß an Aufmerksamkeit, Entschlossenheit, Schnelligkeit, Reaktionsfähigkeit und Einfühlungsvermögen. Hinzu kommt, daß die erlernten Techniken sicher und gut beherrscht werden müssen.

Bei Angriffen mit Waffen muß man unendlich viel vorsichtiger, schneller und entschlossener vorgehen als bei unbewaffneten Überfällen. Hier sollte man nicht nur die

standardisierten Abwehrtechniken üben, sondern – um vor allem Sicherheit zu gewinnen und Erfahrung zu sammeln – den praktischen Kampf trainieren. Nur dadurch lernt man für den Kampf mit einem bewaffneten Gegner die richtigen Bewegungen.
Der Verteidiger muß auf alle Fälle versuchen, beim Gegner eine ungedeckte, leicht verwundbare Körperstelle zu entdecken und diese sofort wirkungsvoll zu treffen. Die Abwehr muß der Art des Angriffs entsprechen, auch muß die körperliche Relation zum Angreifer (Körpergröße) berücksichtigt werden.

Kriterien des Hosinsul

1. *Angriffs-* und *Verteidigungsstellung.*
2. *Bewegungslehre:* aus dem Stand
   - ausweichen, verteidigen durch Gleiten, Steppen, Übersetzen, Körperabdrehen, Schrittdrehung;
   - Wendungen nach allen Seiten.

Verteidigung gegen Angriffe durch Festhalten

Festhalten des Handgelenks

- mit einer Hand – gleiche Seite
  – andere Seite
- mit beiden Händen – von vorn
  – von hinten
- mit beiden Händen um eine Hand – offen
  – geschlossen

Techniken

- Handknickhebel
- Handkipphebel
- Handseithebel
- Handpressen
- Fingerpressen
- Handdrehbeugehebel
- Armriegel etc.

Ergreifen des Revers

- mit einer Hand
- mit beiden Händen

Techniken

- Drehstreckhebel
- Handseithebel

Verteidigung gegen Angriffe durch Würgegriff

- mit einer Hand – von vorn
  – von hinten
- mit beiden Händen – von vorn
  – von hinten
  – von der Seite

Techniken

- Handknickhebel
- Handkipphebel
- Handseithebel
- Handpressen
- Fingerpressen
- Handdrehbeugehebel
- Armriegel
  etc.

Verteidigung gegen Angriffe durch Umklammerung

Körperumklammerung

- von vorn – unter den Armen
  – über den Armen

Techniken

- Körperabbiegen
- Handballenstoß
- Kopfstoß
- Genickdrehhebel

Körperumklammerung

- von hinten – unter den Armen
  – über den Armen

Techniken
- Beinheben
- Kniestoß
- Fersenstoß und -tritt etc.

Halsumklammerung
- von vorn
- von hinten

Techniken
- Fingerpressen
- Armbeugehebel
- Armbrecher
- Armriegel etc.

Verteidigung gegen Angriffe mit einem Messer oder Stock

- Angriff von vorn
  - von oben
  - von außen
  - von innen
- Angriff von hinten

Techniken
- Handfegen
- Armriegel
- Armbeugehebel
- Armbrecher
- Handdrehgriff etc.

Kyokpa (Bruchtest)

Kriterien für das Kyokpa

1. *Zielstrebigkeit:* Erhöhung der geistigen Konzentration.
2. *Kontrolle der Distanz* und des *Winkels zum Ziel.*
3. *Krafteinsatz* aus der Hüfte.
4. *Kihap:* Explosion der inneren Kraft.
5. *Geschicklichkeit:* spezielle Bewegungsfertigkeit durch andauerndes Training.

Der Bruchtest wird auch von Frauen ausgeführt.

Der Wettkampf wird innerhalb einer Kampffläche von 8 × 8 m (Außenmaße: 12 × 12 m) nach einer festgelegten Kampfordnung (siehe Seite 51 ff.) ausgetragen. Die Kämpfer dürfen dabei die im Reglement festgelegten Techniken einsetzen. Der Sieger wird entsprechend der Beurteilung durch die Punkterichter vom Hauptkampfleiter bestimmt.
Die Taekwondo-Weltmeisterschaft am 25. 5. 1973 in Kukkiwon/Seoul in Korea war die erste offizielle internationale Wettkampfveranstaltung. Seither werden regelmäßig alle zwei Jahre Weltmeisterschaften ausgetragen.
Im folgenden sind einige wichtige Tips und Hinweise für den Teilnehmer an Taekwondo-Wettkämpfen aufgeführt.

Leistungsfaktoren im Wettkampf

1. *Persönlichkeit:* Moralische, ideologische Qualitäten, Grundüberzeugung, psychische Wettkampfeigenschaften.
2. *Kondition:* Kraft- und Schnelligkeitskondition, Ausdauer.
3. *Technik-Koordination:* Bewegungsfertigkeiten, koordinative Fähigkeiten.
4. *Taktik:* Taktische Kenntnisse sowie taktische bzw. technisch-taktische Fähigkeiten (Beobachtungsvermögen, Denkfähigkeit) und Fertigkeiten (das konkrete taktische Können, die Effektivität taktischer Maßnahmen, Handlungen und Verfahren im Wettkampfverlauf).

- Beobachtungsvermögen: Gegner, Trainer bzw. Coach, Wettkampfregeln etc.
- Denkfähigkeit (taktisches Denken): Geistiger Prozeß, in dem der Lösungsweg der Kampfsituation zugeordnet wird.

Die Entwicklung der Denkfähigkeit gehört zu den wesentlichen Aufgaben im technisch-taktischen Training.

Verschiedene typische Wettkampfstellungen

1. **Kyorumse (Grundkampfstellung)**
   - Körperhaltung halb seitlich.
   - Abstand der Beine: 1½ Schulterbreiten.
2. **Apkyorumse (Frontalstellung)**
   - Körperhaltung nach vorne.
   - Abstand der Beine: 1 Schulterbreite.
3. **Natchumse (Tiefstellung)**
   - Körperhaltung seitlich, besonders Oberkörper stark nach vorne neigen.
   - Abstand der Beine: ca 1½ Schulterbreiten.
4. **Yop-kyorumse (Seitwärtsstellung)**
   - Körperhaltung seitlich.
   - Abstand der Beine: ca 1½ Schulterbreiten.

Tips

- Häufiges Üben der verschiedenen Stellungen.
- Der Abstand zwischen den Beinen soll etwas mehr als Schulterbreite betragen.
- Die Kniegelenke müssen stets leicht gebeugt sein und sollen des weiteren ständige Wippbewegungen mit den Unterbeinen (Knien, Fersen) ausführen.
- Die Fäuste sollen zur Deckung vor die Brust gehalten werden.
- Das Körperhauptgewicht soll auf den Zehenballen liegen.

Allgemeine Ratschläge für Wettkämpfer

Aufwärmen

Durch das Aufwärmen vor dem Wettkampf (aber auch vor dem Training) wird der Kreislauf vorbereitet und angeregt. Dabei werden physiologisch-chemische Umsätze für eine erhöhte Energieerzeugung eingeleitet. Infolge dieser chemischen Vorgänge wird die Muskulatur erwärmt. Durch das Einlaufen und Einspielen wird aber auch die seelische Bereitschaft für den bevorstehenden Wettkampf gefördert und erhöht.

Aufwärmprogramm

1. Übungen im Laufen oder Hüpfen.
2. Übungen zur Erwärmung.
3. Leichte Dehnungsübungen.
4. Übungen mit leichtem Krafteinsatz.

Methodische Hinweise

1. Dauer des Aufwärmprogramms etwa 10–20 Minuten. Beseitigung körperlicher und motorischer Mängel.
2. Behutsam mit den Übungen beginnen und allmählich die Intensität steigern. 3–5 Übungen mit jeweils 10–15 Wiederholungen.
3. Trainingsziel: Steigerung der Gelenkigkeit, allgemein oder in speziellen Bereichen, z. B. Arm- und Schultergürtel, Rumpf-, Vorder- und Rückseite, Hüft-/Beinbereich, Sprunggelenke.

Selbstmassage

Sie ist ein wertvolles Hilfsmittel zur Steigerung der Leistungsfähigkeit. Allerdings hat sie längst nicht die nachhaltige Wirkung wie die Fremdmassage. Sie bietet jedoch den Vorteil, daß sie ohne Hilfe durchgeführt werden kann und daß man besonders empfindliche Muskelbereiche selbst bearbeitet (Beinmassage, Massage des Schlagarms). Selbstmassage kann immer nur eine Teilmassage sein.

Wann darf nicht massiert werden?
Bei frischen Verletzungen, Entzündungen, Hauterkrankungen und Krampfadern, da hier gefährliche Verschlechterungen des Leidens eintreten könnten.

Entspannung durch Duschen

Das Duschen dient der Entspannung. Hier gilt es, richtig vorzugehen:

- Nicht zu kalt duschen, da es sonst über eine Verspannung der Muskulatur zur Verengung der Blutgefäße kommt und damit die Ermüdungsstoffe langsamer abtransportiert werden.
- Nicht zu heiß duschen, da sonst die Entspannung nicht schnell genug eintritt.
- Richtig ist, ungefähr 10 Minuten lang mit ca. 38° C zu duschen, eventuell mit belebenden Duschmitteln, dann kurz mit 25° C »nachduschen« und den Körper kräftig abfrottieren.

Ratschläge zur Verhütung von Verletzungen

- Optimale Ernährung in den Tagen vor dem Wettkampf.
- Vor dem Wettkampf stets aufwärmen.

- Richtige psychologische Führung durch den Trainer und richtige taktische Einstellung auf den jeweiligen Gegner.
- Die Wettkampfregeln müssen absolut beherrscht und eingehalten werden.
- Die Erziehung zu fairem, sportlichem Verhalten muß oberstes Prinzip des Trainers sein, um unschöne Kampfszenen zu vermeiden.

Situationen, die taktisches Verhalten erfordern

- Kampf gegen einen größeren Gegner.
- Kampf gegen einen kleineren Gegner.
- Kampf gegen einen Gegner, der hauptsächlich nach dem Ausweichen kontert.
- Kampf gegen einen Gegner, der häufig durch Heben des vorderen Beines den Angriff blockiert.
- Kampf gegen einen Gegner, der nur den Konterstoß versucht.
- Kampf gegen einen Gegner, der wild hintereinander angreift.
- Kampf gegen einen Gegner, der häufig mit beiden Armen (vor dem Rumpf) abwehrt, aber nicht ausweicht.
- Verhalten während des Umklammerns.
- Verhalten, wenn keine Gelegenheit zum Angriff besteht.
- Verhalten nach dem Kommando »Kallyo« durch den Kampfleiter.
- Verhalten, wenn man eine Verwarnung oder einen Minuspunkt bekommt.

Merkpunkte während des Wettkampfes

1. Immer einen fairen und aktiven Kampf führen (technische und physiologische Initiative).
2. Verwarnungen und Strafpunkte vermeiden (Wettkampfregeln und Wettkampfbestimmungen beachten).
3. Den Anweisungen des Trainers folgen (Koordination).
4. Sobald möglich, den Gegner genau studieren (Technik und Taktik).
5. Öfters die eigene Technik, das Steppen und Täuschungsbewegungen wechseln (Taktik).
6. Die Kondition sinnvoll auf alle drei Runden aufteilen (Kraft).
7. Allgemeine Grundsätze beachten:
   - beim Angriff

   → abschätzen (Abstand, Angriffsziel, welche Technik),
   → starten (zwei oder mehrere kombinierte Aktionen),
   → decken;
   - beim Konterangriff

   → decken beim Ausweichen,
   → starten (eine Aktion),
   → decken;
   - im Fall eines Angriffs nicht Standangriff, sondern

   → (vorwärts) Bewegungsangriff (**wichtig**).

Wettkampfregeln*

Hier handelt es sich um einen Auszug aus dem Regelwerk der Deutschen Taekwondo Union. Kampfrichter, Trainer und Wettkämpfer sollten sich immer an der Originalausgabe orientieren.

5.1. Geltungsbereich

5.1.1. Die Wettkampfordnung Taekwondo (WOT) gilt für Einzel- und Mannschaftskämpfe, die innerhalb der Deutschen Taekwondo Union von ihren Mitgliedern ausgetragen werden. Sie soll ferner die Grundlage für Begegnungen und Wettkämpfe mit artverwandten Disziplinen sein. Der Zweck der Wettkampfordnung ist eine einheitliche Regelung aller technischen und organisatorischen Angelegenheiten, die bei der Durchführung eines Turniers zu beachten sind. Die Wettkampfregeln der Deutschen Taekwondo Union sind den Regeln des Weltverbandes (WTF) und der Europäischen Taekwondo Union (ETU) angeglichen.

5.2. Allgemeines

5.2.1. Voraussetzung für die Teilnahme an einem Turnier ist die Zugehörigkeit des Teilnehmers zur Deutschen Taekwondo Union, die er durch seinen DTU-Paß anzuzeigen hat. Abweichende Regelungen bedürfen der vorherigen Einwilligung durch die Wettkampfleitung.

5.2.3. Vor Wettkampfbeginn hat sich das Kampfgericht vom Gesundheitszustand der Teilnehmer zu überzeugen.

5.2.4. Jeder Teilnehmer an Wettkämpfen hat sich einer sportärztlichen Untersuchung zu unterziehen, die in seinem Paß eingetragen wird und die ein Jahr Gültigkeit besitzt.

5.2.5. Eine Mannschaft besteht aus 5 Wettkämpfern folgender Gewichtsklassen: Bantam, Feder, Leicht, Welter, Mittelgewicht, wobei leichtere Wettkämpfer in höheren Gewichtsklassen starten dürfen. Um starten zu können, muß sie bei Beginn des Wettkampfes mindestens aus 4 Wettkämpfen bestehen. Die jeweilige nicht besetzte Gewichtsklasse wird als verlorener Kampf gewertet.

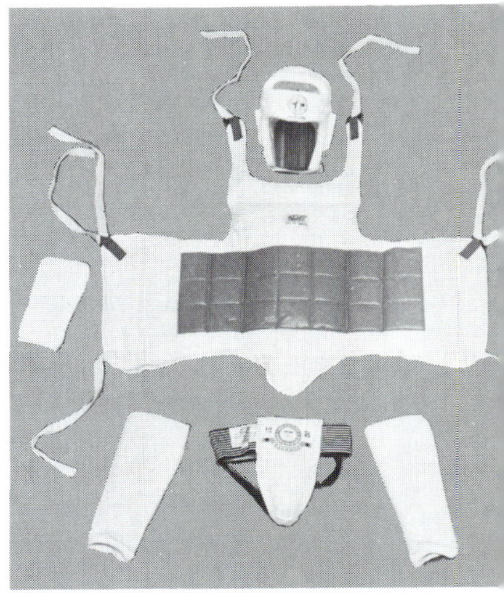

Wettkampfausrüstung

5.2.7. Die Kampfbekleidung der Wettkämpfer/innen besteht aus dem weißen Taekwondo-Dobok, sowie der Schutzbekleidung. Der Wettkämpfer hat eine Kampfweste, Kopf- und Leistenschutz (Tiefschutz) sowie Unterarm- und Schienbeinschützer vor dem Betreten der Wettkampffläche zu tragen. Der Leistenschutz (Tiefschutz), Unterarm- und Schienbeinschutz sind unter dem Taekwondo-Dobok zu tragen.
Die Wettkämpfer/innen dürfen keine andere als die oben genannte Bekleidung oder zusätzliche Sachen bei Wettkämpfen tragen. (Brillen, Uhren, Halsketten, Ringe, Schmuck usw. sind verboten.)
Die Fuß- und Fingernägel sollen kurz geschnitten sein.

5.3. Kampffläche

5.3.1. Die Wettkampffläche hat die Ausmaße 12 x 12 m im Quadrat und besteht aus einer glatten Oberfläche ohne überstehende

* Mit freundlicher Genehmigung der Deutschen Taekwondo Union

Markierungen. Sie sollte mit einer elastischen Matte oder Plane abgedeckt sein. Der innere Teil der Wettkampffläche mit den Abmessungen 8 m x 8 m wird Kampffläche genannt. Der Abstand zwischen Kampffläche und Wettkampffläche ist als Sicherheitszone zu bezeichnen.

5.3.2. Die Markierung der Kampffläche und der Sicherheitszone wird durch verschiedene Farben unterschieden. Falls die gesamte Oberfläche einfarbig ist, wird sie durch eine 5 cm breite Linie gekennzeichnet. Die Markierungslinie der Kampffläche und der Sicherheitszone wird als Warnlinie und die Randlinie der Wettkampffläche als Grenzlinie bezeichnet.

Wenn andere als die angeführten Materialien als Wettkampffläche dienen sollten, bedürfen sie vor Wettkampfbeginn der Genehmigung durch die Wettkampfleitung.

Kriterien für Kalyo (Trenn-Kommando)

5.3.9. Richtlinien für die Durchführung

Das Kriterium für Kalyo ist, wenn ein Fuß eines Wettkämpfers die Warnlinie überschreitet. Grundsätzlich sind alle legalen Aktionen vor dem Kalyo gültig, egal wo sie stattgefunden haben!

Die Beurteilung für die Gültigkeit der Techniken ist bezogen auf die Begrenzung der Wettkampffläche und abhängig vom »Kalyo«-Kommando des Kampfleiters.

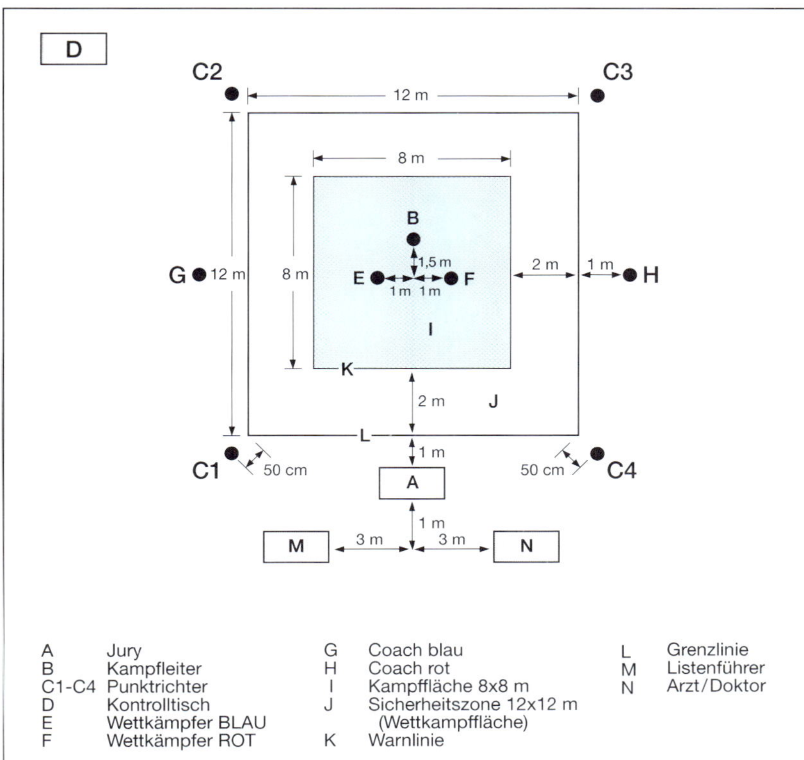

Aufbau einer Kampffläche gemäß WTF

Jede Aktion, die vor dem »Kalyo«-Kommando geschieht, ist prinzipiell gültig, unabhängig von der Stelle, wo sie stattfand.
Der Kampfleiter begründet das »Kalyo«-Kommando auf die relative Position der Wettkämpfer/in zur Warnlinie und die Punktrichter beziehen ihre Aktionen bzw. Entscheidungen auf das »Kalyo«-Kommando des Kampfleiters.
Das Kriterium des Kampfleiters für das »Kalyo«-Kommando ist jener Punkt, ab dem ein Fuß eines Wettkämpfers/einer Wettkämpferin die Warnlinie übertreten hat (Entscheidungsrahmen: von frühestens einem Fuß eines Kämpfers/einer Kämpferin bis spätestens insgesamt drei Füßen).
Es ist irregulär, das »Kalyo«-Kommando zu geben, wenn keine Regelverletzung des Wettkämpfers/der Wettkämpferin oder kein Grund für die Sicherheitsgefährdung der Wettkämpfer vorliegt bzw. bevor nicht ein Fuß eines Wettkämpfers die Warnlinie übertreten hat. Abhängig von den Umständen des Kampfes kann die augenblickliche Entscheidung aber der Beurteilung des Kampfleiters unterliegen. Wenn es dem Kampfleiter geeignet erscheint, den Kampf fortsetzen zu lassen, kann er das tun und das »Kalyo«-Kommando dementsprechend verzögern.

1) Dem Kampfleiter müssen die Abmessungen der Wettkampffläche vollständig bewußt sein und ebenso die Anwendungen dieser Abmessungen in seiner Tätigkeit.
2) Der Kampfleiter muß die volle Wettkampffläche ausnützen um übermäßige Unterbrechungen des Kampfes zu vermeiden.
   Wenn jedoch ein/e Wettkämpfer/in die Warnzone aus Gründen einer negativen Kampfführung verläßt, oder um den Kampf zu vermeiden, muß der Kampfleiter »Kalyo« erklären und eine Verwarnung aussprechen.
3) Wenn beide Füße beider Wettkämpfer/innen die Warnlinie überschritten haben, muß der Kampfleiter »Kalyo« geben, und falls er in dieser Situation zögert, kann er vom weiteren Verlauf des Turniers von der Wettkampfleitung suspendiert werden.

5.4. Gewichtsklasseneinteilung

Senioren – Alter 21 Jahre und älter
Junioren – über 18 unter 21 Jahre (Datum des Geburtstages)

Bezeichnung	Gewicht
1. Nadelgewicht	–50 kg
2. Fliegengewicht	50–54 kg
3. Bantamgewicht	54–58 kg
4. Federgewicht	58–64 kg
5. Leichtgewicht	64–70 kg
6. Weltergewicht	70–76 kg
7. Mittelgewicht	76–83 kg
8. Schwergewicht	+83 kg

Damen – Mindestalter über 18 Jahre (Datum des Geburtstages)

Bezeichnung	Gewicht
1. Nadelgewicht	–43 kg
2. Fliegengewicht	43–47 kg
3. Bantamgewicht	47–51 kg
4. Federgewicht	51–55 kg
5. Leichtgewicht	55–60 kg
6. Weltergewicht	60–65 kg
7. Mittelgewicht	65–70 kg
8. Schwergewicht	+70 kg

5.5. Austragungsmodus

5.5.1. Es werden Einzel- und Mannschaftsmeisterschaften durchgeführt.

5.5.2. Der Austragungsmodus ist vor Beginn des Turniers und vor der Auslosung bekanntzugeben.

5.5.3. Ein Wechsel des Austragungsmodus während des Turniers ist nicht zulässig.

5.5.4. Die Wettkämpfe werden nach dem K.-o.-System oder dem Bras. K.-o.-System durchgeführt. Die Gewichtsklassen werden jeweils in 2 Gruppen (Pools) aufgeteilt. Die Kämpfer scheiden beim K.-o.-System nach einem verlorenen Kampf aus.

Haben sie jedoch beim Bras. K.-o.-System gegen einen späteren Poolsieger verloren, ziehen sie automatisch in der Reihenfolge ihres Ausscheidens in die ebenfalls zweigeteilte Trostrunde ein.
Die Poolsieger kämpfen im Finale um Platz 1 und 2. Die Sieger der beiden Trostrunden belegen die 3. Plätze.

5.6.1. Die Kampfzeit beträgt 3 Runden à 3 Minuten mit 1 Minute Pause zwischen den Runden.
Sie kann im Hinblick auf die Einhaltung eines Zeitplanes verkürzt werden, darf aber nie weniger als 3 Runden à 2 Minuten betragen.

5.7. Kampfgericht

5.7.1. Das Kampfgericht vertritt die DTU nach außen und hat deshalb unbedingt auf die Einhaltung der Wettkampfordnung und auf die korrekte Abwicklung jeder Begegnung zu achten. Aus diesem Grunde sollen Kampfrichter neutral sein, d. h. keinem der teilnehmenden Vereine angehören.
Für einen Kampfrichter, der vorsätzlich ein Wettkampfergebnis verfälscht, müssen Sanktionen in Form einer Sperre ausgesprochen werden.

5.7.2. Zusammensetzung des Kampfgerichtes und Aufgaben des Vorsitzenden, des Kampfleiters und der Punktrichter.
1) Zusammensetzung falls keine Schutzkleidung mit Elektronik benutzt wird
1 Vorsitzender, 1 Kampfleiter,
4 Punktrichter
2) Zusammensetzung falls Schutzkleidung mit Elektronik benutzt wird 1 Vorsitzender, 1 Kampfleiter, 2 Punktrichter

5.7.3. Jury
Die Jury ist für die Überwachung und Koordinierung des gesamten Kampfgerichts verantwortlich. Bei der Trefferbewertung hat sie keine Stimme. Sie errechnet nach jeder Runde anhand der Kampfrichterzettel und unter Berücksichtigung der Plus- und Minuspunkte das Rundenergebnis, trägt es auf dem Jury Papier ein und läßt es auf das Score-Board übertragen.
Bei mehrmaliger Fehlbewertung durch einen Kampfrichter kann dieser von der Jury ausgetauscht werden.
a) Der Vorsitzende (Jury) ist für das gesamte Kampfgericht verantwortlich.
b) Die Jury kann ein Urteil in folgenden Fällen eigenmächtig ändern:
Wenn der Kampfleiter einen anderen als den von der Jury benannten Wettkämpfer zum Sieger erklärt.
Wenn ein Fehler in der Addition der Punktzettel oder der Eingabe an dem elektronischen Score-Board vorliegt.

5.7.4. Der Kampfleiter (Referee) ist für das sportliche Verhalten der Teilnehmer während des Kampfes auf der Kampffläche verantwortlich. Bei Verfehlungen spricht er Verwarnungen und Minuspunkte aus und zeigt diese durch Symbolgesten an. Er veranlaßt bei Erfordernis (z. B. Verletzung eines Teilnehmers oder Beratung des Kampfgerichtes) die Unterbrechung der Wettkampfzeit. Außerdem kann er den Punktrichtern eine ungültige Wertung per Handzeichen signalisieren.
Der Referee sammelt nach jeder Runde die Punktzettel der Judges ein und legt sie der Jury vor. Der Kampfleiter hat das Recht, unabhängige Entscheidungen gemäß den vorgeschriebenen Regeln zu fällen. Der Referee vergibt keine Punkte. Im Falle eines punktlosen Kampfes erklärt der Referee den überlegeneren Wettkämpfer nach Ablauf der 3 Runden zum Sieger.
Der Referee kann hierzu die Meinung der Punktrichter einholen.

5.7.5. Die Punktrichter sitzen an den Ecken der Kampffläche und bewerten den Kampf, indem sie die erkannten Treffer und die vom Kampfleiter angezeigten Verwarnungen und Minuspunkte auf die Kampfzettel eintragen. Sie können durch den Vorsitzenden oder den Kampfleiter zur Stellungnahme ihrer Bewertung aufgefordert werden.
Bei wiederholten Fehlentscheidungen sollten der Kampfleiter wie auch der betroffene Punktrichter ausgetauscht werden.

5.8. Maßnahmen vor Beginn und nach Beendigung eines Kampfes

5.8.1. Der Name oder die Wettkampfnummer des/der Wettkämpfers/in wird spätestens 3 Minuten vor Beginn des Kampfes bekanntgegeben. Bei Aufruf wird zweimal im Abstand von einer Minute der Aufruf wiederholt. Wettkämpfer/innen, die eine Minute nach dem geplanten Beginn des Wettkampfes nicht kampfbereit auf der Kampffläche erscheinen, werden als »Aufgegeben« gewertet.
Nach Bekanntgabe des jeweiligen Wettkampfes müssen sich die Wettkämpfer/innen am Kontrolltisch einer physischen Untersuchung unterziehen, dabei wird auch die Wettkampfkleidung überprüft. Die Wettkämpfer/innen dürfen keine Materialien tragen, die den/die Gegner/in verletzen könnten. Nach der Überprüfung gehen die Wettkämpfer/innen mit dem Betreuer in Wartestellung.

5.8.2. Der Kampfbeginn in jeder Runde wird von dem Kampfleiter mit dem Kommando »Shijak« (Start) angezeigt. Das Ende einer Runde wird vom Zeitnehmer mit einem akustischen Zeichen bekanntgegeben. Der Kampfleiter beendet jede Runde mit dem Kommando »Kuman« (Stop).

5.8.3. Bei Wettkampfbeginn stehen beide Wettkämpfer/innen auf ihren Startpunkten mit dem Gesicht zur Jury und verbeugen sich auf das Kommando des Kampfleiters: »Charyeot« (Achtung), »Keyong-ye« (Verbeugung).
Die Wettkämpfer/innen drehen sich auf das Kommando des Kampfrichters »Tscha-u-jang-u« (drehen) mit dem Gesicht zueinander und grüßen »Kyeong-ye« (Verbeugung).

5.8.4. Der Kampfleiter beginnt den Wettkampf mit dem Kommando »Joonbi« (Achtung) und gibt den Kampf mit »Shijak« (Start) frei.

5.8.5. Die Kämpfer/innen stehen nach Beendigung des Kampfes mit dem Gesicht zueinander auf ihren markierten Startpunkten. Auf das Kommando »Charyeot«, »Kyeong-ye« des Kampfleiters grüßen sie.
Die Kämpfer drehen sich auf das Kommando »Tscha-u-yang-u« des Kampfleiters mit dem Gesicht zur Jury. Auf das Kommando »Kyeong-ye« verbeugen sie sich.

5.8.6. Der Kampfleiter sammelt die Punktzettel der Punktrichter ein und übergibt sie der Jury. Nachdem ihm die Jury das Urteil mitgeteilt hat, begibt er sich zur Mitte der Kampffläche zwischen beide Wettkämpfer/innen. Er erklärt den/die Gewinner/in durch Hochheben der Hand als Sieger/in. Sollte es jedoch dem Sieger/der Siegerin infolge einer Verletzung unmöglich sein, zu stehen, kann der Kampfleiter durch Hochheben seiner eigenen Hand zur Seite des Siegers/der Siegerin den Sieg erklären.

Legale Angriffstechniken

Fausttechnik:
Angriffstechnik durch Stoß mit der geballten Faust, d. h., das Schlagen mit dem Vorderteil der Knöchel des Zeige- und Mittelfingers der korrekt geschlossenen Faust, ohne Berücksichtigung des Winkels oder des Schlagweges der Faust.

Fußtechnik:
Ein Angriff mit jedem Teil des Fußes unterhalb des Fußgelenks!

Legale Angriffszonen

Gesicht: Dieses ist der Teil des Gesichts, der sich von einer vertikalen Linie bei beiden Ohren befindet, einschl. dem Hals über dem Schlüsselbein. Attacken auf die Vorderseite des Kopfes sind nur mit dem Fuß erlaubt!

Rumpf: Legale Angriffszone ist der Bereich zwischen Schlüsselbein und oberem Bogen des Beckens. Im Wettkampf ist die legale Angriffszone durch die Kampfweste bedeckt. Je nach Gewichtsklasse und Körpertyp der Wettkämpfer/innen muß eine Weste der richtigen Größe verwendet werden! Attacken mit Fuß und Faust sind erlaubt.

Trefferpunkte: Stürzt ein/e Wettkämpfer/in aufgrund eines erlaubten kraftvollen Schlages/Stoßes auf seine Weste/legale Angriffszone, so ist dieser Angriff als Punkt zu werten!

Trefferpunktzonen

Gesicht: Identisch mit der legalen Angriffszone.

Rumpf: Die gültigen Trefferzonen des Rumpfes sind in drei Sektionen eingeteilt.

a) Leib (vorderer Mittelteil des Körpers)
b) rechte Flanke
c) linke Flanke

Trefferpunkte: Treffer in die Trefferpunktzone sollen bei korrekter und kraftvoller Ausführung der erlaubten Techniken gewertet werden! Kraftvolle Technik bedeutet, daß der Körper des Gegners durch den Treffer abrupt gestoppt bzw. versetzt wird. Ein Treffer soll mindestens zur Hälfte voll innerhalb der Trefferpunktzone auftreffen. Ein Treffer zählt als + 1 Punkt.

5.9.5. Ungültigkeit von Treffern

In einer Situation, in der/die Wettkämpfer/in schwer zu Boden fällt als Resultat des Auftreffens einer Technik, kann kein Punkt gegeben werden, wenn das Niederfallen teilweise darauf zurückzuführen ist, daß beide Wettkämpfer/innen ihr Gleichgewicht verloren haben oder der/die Gefallene in einem Austausch von Techniken mit dem/der anderen Wettkämpfer/in verstrickt war.

Erklärung: Ungültigkeit eines Treffers; es ist die Regel, daß Punkte, die durch illegale Techniken oder Aktionen erzielt wurden, nicht gültig sind. In dieser Situation muß der Kampfleiter die Ungültigkeit des Punktes durch ein Handsignal anzeigen und die entsprechende Verwarnung aussprechen.

5.9.6. Trefferbewertung und Bekanntgabe

a) Punkte müssen augenblicklich festgehalten werden;
augenblickliche Punktevergabe bedeutet, daß der Punkt sofort nachdem die Technik, welche als Punkt gewertet wird, notiert wurde. Punkte, welche erst nach einiger Zeit gegeben werden, sind nicht gültig.
b) Sofort festgehalten und veröffentlicht; ein Punkt, der von den Punkterichtern gegeben wurde, soll sofort auf der Wertungstafel veröffentlicht werden (Score-Board-System).

Die Gesamtwertung ergibt sich aus der Summe der erzielten Punkte nach drei Runden.

5.10. Leichte Verfehlungen

1. Fassen des/der Gegners/in
Gemeint ist das Erfassen irgendeines Teiles der Wettkampfkleidung oder der Weste des/der Gegners/in. Ebenfalls eingeschlossen ist das Festhalten des Fußes oder des Beines oder das Einklemmen von Fuß oder Bein auf der Schulter oder Arm.
2. Schieben mit der Schulter, dem Körper, Händen oder Armen
   a) Schieben, um den/die Gegner/in aus dem Gleichgewicht zu bringen, in der Absicht, einen Vorteil für den Angriff zu bekommen.
   b) Schieben, um den Angriff des/der Gegners/in zu behindern.
   c) Stoß auf das Bein des/der Gegners/in, nachdem dieses Bein durch Einhaken mit dem Arm oder auf der eigenen Schulter festgehalten wurde.
   d) Schieben mit der Faust, Schulter, Kopf, etc.
3. Festhalten oder Klammern
Mit der Hand oder dem Arm auf die Schulter des/der Gegners/in drücken; den Körper des/der Gegners/in durch Einhaken mit dem Arm festhalten in der Absicht, seine/ihre Bewegung zu behin-

dern. Wenn während des Kampfes zu dem oben erwähnten Zweck ein Arm unter die Schulter (in die Achsel) des/der Gegners/in gestreckt wird, muß eine Verwarnung ausgesprochen werden.

4. Absichtliches Übertreten der Warnlinie
   Gemeint ist das Übertreten, um dem Kampf auszuweichen. Ebenfalls hierunter fällt das Übertreten ohne besonderen Grund. Ein kurzfristiges Übertreten der Warnlinie bleibt unbestraft. Ebenfalls unbestraft bleiben die folgenden Aktionen:
   a) Übertreten der Warnlinie während des Austausches von Techniken.
   b) Hinausstoßen über die Warnlinie durch die Technik des Gegners.
   c) Unverschuldetes Übertreten der Warnlinie.
5. Dem Kampf durch Zukehren des Rückens ausweichen
   Der Grund ist die Gefahr, die für den Wettkämpfer in dieser Situation besteht (Wirbelsäule!). Ebenfalls hierunter fallen Aktionen wie Abducken, die keinen Augenkontakt zum Gegner gewährleisten.
6. Absichtliches Hinfallen
   Gemeint ist nur das Hinfallen, um sich einem Angriff zu entziehen.
7. Simulieren von Verletzungen
   Simulieren von Verletzungen oder Schmerzen, auch um den Wettkampf zu verzögern.
8. Angriff mit dem Knie
   Dieser Artikel bezieht sich auf absichtliches Angreifen mit dem Knie aus nächster Nähe. Die folgenden Aktionen fallen jedoch nicht unter diesen Artikel und können nicht bestraft werden:
   a) Wenn der/die Gegner/in abrupt einen Fußangriff startet.
   b) Falls der Kniestoß unabsichtlich als Resultat einer Fehleinschätzung der Distanz erfolgt.
9. Angriff auf die Genitalien
   Dieser Artikel trifft auf absichtlichen Angriff unter die Gürtellinie zu. Falls ein Tiefschlag durch den Getroffenen/die Getroffene verursacht wurde oder im Verlauf des Austausches von Techniken erfolgt, so wird keine Strafe ausgesprochen.
10. Absichtliches Treten auf Bein oder Fuß
    Gemeint ist der Tritt auf irgendeinen Teil des Beines oder Fußes, in der Absicht den Gegner zu behindern; sowohl während eines Schlagabtausches, als auch die einzelne Technik. Aktionen während eines Schlagabtausches ohne starken Kontakt können ungeahndet bleiben.
11. Schlagen ins Gesicht mit der Hand oder Faust
    Eingeschlossen sind auch Schläge mit dem Handrücken, Arm oder Ellenbogen.
12. Anzeigen eines Treffers oder eines Punktabzuges durch Hochheben der Hand, Gesten etc.
    Die Wettkämpfer sollen keine persönliche Wertung abgeben.
13. Äußerungen von unerwünschten Bemerkungen oder unsportliches Verhalten des Wettkämpfers oder des Betreuers
    Eingeschlossen sind auch Mißfallensäußerungen durch Gesten etc.
    Hierunter fallen insbesondere:
    a) Aktionen, die den Verlauf des Wettkampfes verzögern.
    b) Kritik an der Entscheidung des Kampfleiters oder eines anderen Offiziellen.
    c) Unsportliches Verhalten gegenüber dem anderen Wettkämpfer oder Betreuer.
    d) Zu lautes oder gestenreiches Coachen.
    e) Wenn der Wettkämpfer nach Aufforderung durch den Kampfleiter nach der Pause nicht sofort zurück auf die Kampffläche kommt.
    f) Wenn der Wettkämpfer die Fortsetzung des Wettkampfes nach dem Kalyeo verzögert.

In schweren Fällen wird ein Minuspunkt gegeben, in leichten Fällen eine Verwarnung. Die Entscheidung hierüber fällt der Kampfleiter. Sie ist endgültig und nicht anfechtbar.
Wird eine Kritik an Kampfleiter, Punktrichter, Bewertung etc. von Coach oder Wettkämpfer während der Pause geäußert, kann der Kampfleiter sofort eine Verwarnung (Minuspunkt) aussprechen. Die Verwarnung wird dann in der nächsten Runde notiert.
Zwei Verwarnungen zählen als 1 Minuspunkt.
Die letzte ungerade Verwarnung wird bei der Gesamtbewertung nicht berücksichtigt.
Bei gleichzeitigem Auftreten mehrerer Regelverstöße eines/r Wettkämpfers/in wird nur der schwere Regelverstoß geahndet.

5.11.2. Schwere Verfehlungen

1. Angriff auf einen zu Fall gekommenen Gegner
   Die Aktion ist für den zu Fall gekommenen Wettkämpfer extrem gefährlich.
2. Absichtlicher Angriff nach dem Unterbrechungszeichen (Kalyeo)
   Diese Aktion muß unmittelbar bestraft werden. Unvermeidbarer Kontakt wird jedoch nicht bestraft. Die Entscheidung, ob Absicht vorliegt, trifft der Referee. Das Kriterium ist, ob der Wettkämpfer, nach dem Kalyeo des Referees, seine Aktion noch hätte stoppen können. In diesem Punkt sind Videoaufzeichnungen als Beweismittel für Proteste nicht zugelassen (Momententscheidung)!
3. Absichtlicher Angriff auf Rücken oder Hinterkopf
   Der Teil des Rückens, der nicht durch die Weste geschützt ist und der Hinterkopf sind verbotene Angriffszonen. Wird ein Angriff gezielt auf diese Bereiche geführt, so ist er als absichtlich anzusehen und muß geahndet werden. In sonstigen Fällen trifft die Entscheidung, ob Absicht vorliegt, der Kampfleiter.
4. Schwerer Angriff mit der Hand oder Faust zum Kopf
   Maßgeblich zur Beurteilung sind zwei Punkte:
   a) Offensichtliche Unvorsichtigkeit (zu hohes Schlagen mit der Faust) und/ oder Absicht des Angreifers.
   b) Die Kraft des Schlages und die Schwere der Verletzung, sowie die Möglichkeit des Getroffenen den Kampf fortzuführen.

   Diese Punkte müssen bei der Bewertung durch den Kampfleiter beachtet werden.
   Wird die Aktion vom Kampfleiter für Absicht gehalten, so muß ein Minuspunkt (Kamcheom) gegeben werden, auch bei einer leichten Verletzung oder nur geringem Kontakt.
   Ist die Verletzung durch die Unvorsichtigkeit des Angreifers entstanden:
   a) Bei leichter Verletzung wird Verwarnung gegeben.
   b) Bei schwerer Verletzung wird ein Minuspunkt gegeben.

   Ein zufälliger Schlag ins Gesicht wird mit einer Verwarnung geahndet, unabhängig von der Kraft des Schlages oder dem Grad der Verletzung.
5. Kopfstoßen
   Kopfstoßen wird nur bei Absicht bestraft, dann jedoch ohne Ausnahme. Zufälliges Zusammenstoßen bleibt straffrei.
6. Übertreten der Grenzlinie
   Übertritt ein Wettkämpfer die Grenzlinie aus unvermeidbaren Gründen oder durch die Technik des Gegners, bleibt dies ungeahndet. In allen anderen Fällen muß ein Minuspunkt gegeben werden. Insbesondere soll unberechtigtes Übertreten der Grenzlinie nach dem Kalyeo strikt bestraft werden.
7. Werfen des Gegners
   Dies schließt das Werfen durch Fassen oder Klammern mit Händen oder Füßen ein.

8. Grobes unsportliches Verhalten eines Kämpfers oder Betreuers (s. a. § 5.10.2.13 der leichten Verfehlungen).

5.12. Disqualifikation

Wenn ein/e Wettkämpfer/in sich weigert, den Wettkampfregeln oder den Anweisungen des Kampfleiters Folge zu leisten, wird er/sie strafweise zum/r Verlierer/in erklärt; der Kampfleiter kann einen Wettkämpfer/eine Wettkämpferin strafweise zum/r Verlierer/in erklären, bevor drei Strafpunkte angesammelt wurden, falls der/die Wettkämpfer/in oder sein/ihr Coach die fundamentalen Prinzipien der Wettkampfregeln oder die generellen Verhaltensregeln, die sich daraus ergeben, oder die Anweisungen des Kampfleiters mißachten. Besonders wenn ein/e Wettkämpfer/in erkennen läßt, daß er/sie den/die Gegner/in verletzen will oder trotz Ermahnung des Kampfleiters einen schweren Regelverstoß vor hat, muß er/sie sofort strafweise zum/zur Verlierer/in erklärt werden.
Falls der Kampfleiter in einer solchen Situation, die ein klares Gefahrenmoment birgt, nicht den/die Wettkämpfer/in zum/zur Verlierer/in erklärt, kann der Vorsitzende (Head of Court) den Kampfleiter dazu anweisen und dieser muß der Anweisung Folge leisten.

5.15. Ergebnis des Wettkampfes

5.15.1. 1) Sieg durch K. o.
2) Sieg durch Aufgabe
3) Sieg durch Disqualifikation
4) Sieg nach Punkten
5) Sieg durch Referee-Abbruch

Sieg durch K. o.; der Kampfleiter erklärt dieses Resultat, wenn ein/e Wettkämpfer/in nicht in der Lage ist, binnen 10 Sekunden nach einem Niederschlag durch eine reguläre Technik den Kampf fortzuführen. Falls der Kampfleiter entscheidet, daß der/die Wettkämpfer/in als Ergebnis eines Schlages den Kampf nicht fortführen kann, so kann das Ergebnis auch vor dem Ablauf der 10 Sekunden verkündet werden.

Der Kampfleiter stoppt den Kampf (RSC); wenn durch die Entscheidung des Kampfleiters oder des offiziellen Arztes festgestellt wird, daß ein/e Wettkämpfer/in auch nach einer Minute Pause infolge einer Verletzung nicht weiterkämpfen kann, oder falls ein/e Wettkämpfer/in das Kommando des Kampfleiters zum Weiterkämpfen nicht beachtet, so stoppt der Kampfleiter den Kampf und erklärt den/die Gegner/in zum Sieger/in.

Sieg durch Aufgabe; der/die Sieger/in wird durch die Aufgabe des/der Gegners/in bestimmt.

a) Falls ein/e Wettkämpfer/in durch Verletzung oder aus anderen Gründen an der Fortführung des Kampfes gehindert wird.
b) Falls ein/e Wettkämpfer/in nach der Kampfpause den Kampf nicht wieder aufnimmt oder den Aufruf zu Beginn des Kampfes nicht beachtet.
c) Falls der Coach das Handtuch wirft, um die Aufgabe anzuzeigen.

Sieg durch Disqualifikation; dies ist das Ergebnis des Ausschlusses eines/r Wettkämpfers/in bei der Abwaage oder falls ein/e Wettkämpfer/in seinen/ihren Wettkämpfer-Status vor Beginn des Turniers verliert.

Sieg durch Bestrafung durch den Kampfleiter; dieses Ergebnis wird durch den Kampfleiter erklärt, sobald einer der beiden Wettkämpfer/innen drei Minuspunkte hat.

5.15.2. Sieger des Kampfes ist, wer nach allen gekämpften Runden und nach Abzug der Verwarnungen und Minuspunkte die meisten Punkte erzielt hat.

5.16. Koreanische Kommandos im Wettkampf

Charyeot – Achtungsstellung
Kyeongye – Verbeugung (Gruß)

Joonbi	– Fertig (Kampfstellung)
Shijak	– Start
Kalyeo	– Trennen
Keysck	– Weiterkämpfen
Tscha-u-jang-u	– Drehen
Keongyeo hana	– Verwarnung
Kuman	– Stop Ende
Geshi	– mit gekreuzten Zeigefingern – auf 1 Minute begrenzt –
Shigan	– Zeitstopp mit horizontal ausgestrecktem Zeigefinger – unbegrenzte Zeit –
hong song	– Sieg für Rot
Cheong song	– Sieg für Blau
Kamcheom hana	– ein Minuspunkt
Il Hoe-jeon	– erste Runde
I Hoe-jeon	– zweite Runde
Sam Hoe-jeon	– dritte Runde

채 점 표
Judge's Paper

일자
Date : . . 19

체 급
Weight Division :

경기번호
Match No :

청 Chung

홍 Hong

경 고 Kyong-Go	감 점 Gam-Jum	득 점 Deuk-Jum	**회 전 Hoe-Jun**	득 점 Deuk-Jum	감 점 Gam-Jum	경 고 Kyong-Go

심판명
Judge's Name :

서 명
Signature :

국 적
Nationality :

Muster eines Punktbogens

Erläuterung:
Chung = Blau,
Hong = Rot

Übersicht

	Poomse	Anzahl der Poom	Anzahl der Dongjak	Stellen der Kihaps	Diagramm (a. d. Sicht des Gegners)
PALGUE	1 Jang	20	20	8, 16	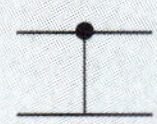
	2 Jang	20	26	8, 16	
	3 Jang	22	22	8, 22	
	4 Jang	24	28	10, 20	
	5 Jang	35	39	13, 27	
	6 Jang	19	29	7, 16	
	7 Jang	23	29	17, 23	
	8 Jang	35	40	10, 35	
TAEGUK	1 Jang	18	20	18	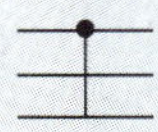
	2 Jang	18	23	18	
	3 Jang	20	34	20	
	4 Jang	20	29	20	
	5 Jang	20	32	20	
	6 Jang	19	31	12	
	7 Jang	25	33	25	
	8 Jang	27	38	3, 19	
	KORYO	30	50	11, 30	
	KUMGANG	27	27	11, 21	
	TAEBAEK	26	40	8, 22	

Kriterien bei der Ausführung aller Poomsen:

1. **der Geist:** Leitlinien, klarer Blick → optische und geistige Konzentration;
2. **die Körperhaltung:** Schwerpunkt, Genauigkeit der Bewegungen;
3. **die Kraft:** richtige Dosierung des Krafteinsatzes (stark/schwach) und der Geschwindigkeit (langsam/schnell);
4. **das Kihap:** Atmungskontrolle → Schrei nach Mobilisation der inneren Kraft *(Ki)* und Konzentration;
5. **die Ästhetik:** Bewegungsrhythmus;
6. **die Würde:** innere und äußere Gelassenheit, ruhige Ausstrahlung, ordentliches Erscheinungsbild (z. B. *Dobok*).

Im folgenden Übungsteil werden alle acht Palgue- und Taeguk-Poomsen dargestellt sowie Koryo, Kumgang und Taebaek. Eine kurze Einführung erläutert die jeweilige Bedeutung der Poomse.
Die einzelnen Bewegungsabläufe folgen stets der Grundlinie eines bestimmten Diagramms. Die Richtungshinweise sind jeweils vom Übenden aus zu sehen:

Junbi = Ausgangsposition
Guman = Schlußposition
} diese Stellungen entsprechen einander

H = hinten **R** = rechts (1+2+3)
V = vorn **L** = links (1+2+3)

Palgue

Eines der ältesten philosophischen Werke des Orients ist »I Ging – Das Buch der Wandlungen« (koreanisch *Juyok*). Im Mittelpunkt dieses Buches stehen acht Grundphänomene, die *Palgue,* die in ihrer Wechselwirkung alle Vorgänge im Universum widerspiegeln.
Der Gedanke der *Palgue* umfaßt verschiedene Symbole und schließt alle gegensätzlichen Begriffe und Vorstellungen ein. Diese wachsen durch ständigen Wandel sowie unendlich viele Kombinationen und entwikkeln sich ewig weiter. Das bedeutet, daß zum Beispiel aus Himmel und Erde, Mann und Frau, Licht und Dunkelheit, Gutem und Bösem alles in unserem Universum entsteht – je nachdem, in welcher Weise diese acht Phänomene zusammentreffen, sich miteinander vermengen oder sich wieder voneinander trennen. Dies geschieht nach bestimmten vorgegebenen Gesetzmäßigkeiten. Die Welt der *Palgue* beruht somit auf Veränderung und Zusammenwirken verschiedener Elemente. Es ist eine Welt der Gegenpole.
Im übertragenen Sinn führt diese fernöstliche Philosophie beim Taekwondo zu den Bewegungsabläufen, den Poomsen *Palgue.* Durch diese Poomsen soll der Schüler die Grundprinzipien des Taekwondo begreifen lernen, welche gekennzeichnet sind von der Gegensätzlichkeit, der Veränderung und dem Zusammenwirken, dem Konflikt und der Harmonie, und so mit dem Gedanken der *Palgue* übereinstimmen.

팔괘

Taeguk

Mit *Taeguk* wurden die nachfolgenden Grundformen bezeichnet, um ihre Bedeutung zu unterstreichen. Übersetzt man *Taeguk* aus der chinesischen Schrift, so bedeutet »Tae« Größe und »Guk« Ewigkeit. Die Zusammensetzung dieser Begriffe läßt erkennen, daß hier philosophisches Denken Ostasiens in den Vordergrund tritt. Formlos, ohne Anfang und Ende, steht *Taeguk* für den Ursprung allen Seins.
Acht Grundgedanken der ostasiatischen Philosophie werden aus dem *Taeguk* entwickelt. Sie sind durch acht Symbole bezeichnet, von denen ein jedes in der chinesischen Schrift seine Bedeutung hat.
Im Altertum waren diese Symbole die acht Zeichen der Macht. Noch heute finden wir vier davon in der koreanischen Flagge wieder.

태극

Koryo

Koryo war eine alte südostasiatische Dynastie (918 bis 1392 n. Chr.). Die Bezeichnung »Korea« wurde vom Namen dieses Königshauses abgeleitet.
Das kulturelle Erbe, das dem koreanischen Volk aus jener Zeit erhalten blieb, ist sehr bedeutend. Während der Koryo-Dynastie wurden zum ersten Mal auf der Welt metallene Druckbuchstaben verwendet (1234),

also mehr als 200 Jahre vor Johannes Gutenberg (um 1398 bis 1468). In jener Zeit wurde auch die berühmte Koryo-Keramik geschaffen. Darüber hinaus bewies das koreanische Volk große Tapferkeit im erfolgreichen Widerstand gegen die Angriffe der Mongolen, deren Heerscharen damals die ganze bekannte Welt überfluteten.

Die Übertragung der geistigen Haltung des Volkes von Koryo auf die Bewegungsformen des Taekwondo führte zur Poomse *Koryo.* Folgerichtig spiegelt jede Aktion in dieser Poomse die starke Überzeugung und den Willen wider, mit dem das Volk von Koryo den Mongolen trotzte. Damit soll ausgedrückt werden, daß man seine eigene Position oder auch Geisteshaltung verbessern kann, indem man mit Klugheit, unerschütterlichem Glauben und Zuversicht vorgeht.

고 려

Kumgang

Die ursprüngliche Bedeutung von *Kumgang* ist »zu fest, um zerbrochen zu werden«. Daneben wird im Buddhismus mit *Kumgang* etwas bezeichnet, das jede Seelenpein durch die Kombination von Weisheit und Tugend beenden kann.

Das koreanische Volk hat dem schönsten Berg der koreanischen Halbinsel den Namen »Kumgang-san« gegeben. Er gehört der Taebaek-Bergkette an. Die härteste Materie, der Diamant, heißt »Kumgang-sok«.

Im Taekwondo wird demzufolge eine Bewegung mit *Kumgang* bezeichnet; sie basiert auf geistiger Stärke, vergleichbar der Schönheit und Majestät der Kumgang-Berge, und ist dabei so hart wie ein Diamant.

Die Form der Bewegungsrichtungen ist nach dem chinesischen Schriftzeichen für Berg gestaltet. In der Bewegungsfolge der Poomse *Kumgang* soll demnach ein starker, aber endlos abwechslungsreicher, majestätischer Geist zum Ausdruck gebracht werden, ähnlich dem Bild, das uns die Berge bieten.

금 강

Taebaek

Eine Legende über die Entstehung von Korea besagt unter anderem, daß der legendäre Tangun die Nation vor rund 4300 Jahren am Taebaek, dem heutigen Berg Baekdoo, gegründet haben soll. Dieser Berg gilt als der erhabenste und großartigste Koreas und wird als heilig angesehen. So erklärt es sich auch, daß die grundlegenden Bewegungsformen der Poomse *Taebaek* von ihm abgeleitet werden.

Der Berg Taebaek ist ein Symbol von Korea. Deshalb sollen die Bewegungen dieser Poomse nicht nur präzise und flink ausgeführt werden, sondern auch mit Härte und Entschlossenheit.

태 백

Bedeutung der Diagramme (Bewegungsabläufe)

Palgue und Taeguk 1 bis 8 Jang

1 (il) Jang
Das Symbol des 1 Jang wird für Himmel und Licht gesetzt; ihnen sind die Bewegungsabläufe dieser Poomse gewidmet. Vom Himmel kommen der Regen und das Licht der Sonne, damit alles wachsen und gedeihen kann. Mit Himmel wird also die Schöpfung symbolisiert, der Anfang des Seins.
Bei der Erarbeitung dieser Poomse sind die Bewegungen so gewählt, daß sie vom Anfänger gut verstanden und ausgeführt werden können.

2 (ie) Jang
Das Diagramm des 2 Jang symbolisiert Frohsinn und Fröhlichkeit. Ein vom Frohsinn durchdrungener Mensch verfügt über eine gefestigte innere Kraft, die ihn ausgeglichen und ruhig erscheinen und sein läßt.
Gemäß dem Symbol ist der Bewegungsablauf dieser Poomse kraftvoll und ruhig.

3 (sam) Jang
3 Jang wird symbolisiert durch das Zeichen des Feuers. Durch seine Intelligenz hat es der Mensch verstanden, das Feuer zu zähmen. Das Feuer gibt dem Menschen Wärme und Licht, es begeistert ihn und gibt ihm Hoffnung und Zuversicht; es weckt aber auch Leidenschaft, Furcht und Schrecken im Menschen.
Gemäß dem Symbol des Feuers drückt 3 Jang Abwechslungsreichtum und Begeisterung aus.

4 (sa) Jang
Das Symbol des 4 Jang steht für Donner. Donner und Blitz flößen dem Menschen Furcht ein. Donner bedeutet gleichzeitig aber auch Kraft und Macht.
Entsprechend diesem Symbol drückt diese Poomse Ruhe und Mut gegenüber der Gefahr aus in Form von kraftvollen und zielstrebigen (schnellen) Bewegungen. 4 Jang beinhaltet deshalb eine Fülle von starken Techniken.

5 (oh) Jang
5 Jang steht unter dem Symbol des Windes. Trotz Stürme hat der Wind eine gute Bedeutung, denn er verteilt die Samen und zerstreut die dunklen Wolken. Der Wind symbolisiert sowohl die Kraft der Zerstörung als auch die des Aufbaus.
Symbolgemäß verlaufen hier die Bewegungen teils ruhig, teils stark und stürmisch.

6 (yuk) Jang
Das Symbol des Wassers kennzeichnet 6 Jang. Wie das Wasser, das immer bergab fließt, fließen die Bewegungen dieser Poomse ineinander. Diese Vorstellung lehrt uns, daß wir Schwierigkeiten und Mühsal überwinden können, wenn wir mit Selbstvertrauen vorwärtsgehen.
Die Bewegungen, die nach dieser Idee gestaltet sind, folgen dem Bild des fließenden Wassers, wobei die einzelnen Teile durch Fußstöße überbrückt werden.

7 (chil) Jang
Drückt man das Symbol für 7 Jang in chinesischer Schrift aus, bedeutet es höchster oder oberster Haltepunkt oder, wörtlich, Gipfel eines Berges. Das Symbol steht hier für Berg. Ein Berg steht unverrückbar fest, und

der Mensch trachtet seine Festigkeit dadurch zu erringen, daß er geht, wenn er muß, und anhält, wenn dies geboten ist. Anhalten und Fortschreiten – beides ist zu seiner Zeit notwendig, wenn man etwas erreichen will.

8 (pal) Jang
Das achte und letzte Symbol steht für Erde, die die Quelle allen Lebens ist. Alles wächst aus ihr, erhält Nahrung und Energie von ihr. In der Erde ist die schöpferische Kraft des Himmels verkörpert.
8 Jang ist die letzte Form für den Schüler auf seinem Weg zum Dan-Träger. Hier werden die grundlegenden Bewegungsformen aufgefrischt und bisher erlernten Techniken der letzte Schliff verliehen.

Koryo

Korea wurde früher Koryo genannt. Dieses Diagramm entspricht dem chinesischen Schriftzeichen für »der Gelehrte«.

Kumgang

Das Diagramm folgt dem chinesischen Schriftzeichen für »der Berg«.

Taebaek

Dieses Diagramm stellt das Symbol für die Staatsgründung Koreas am Berg *Baekdoo* dar, der früher den Namen Taebaek trug. Die Grundlinie symbolisiert die Erde, die obere Linie den Himmel, und die vertikale Linie stellt die Verbindung beider durch den Menschen dar.

Anweisungen zum Training

- Jede Poomse muß an dem Punkt enden, an dem sie begonnen wurde.
- Korrekte Stellung und Balance müssen zu jeder Zeit eingehalten werden.
- Die Körpermuskeln sollen gemäß dem entsprechenden Moment während des Laufs angespannt oder entspannt sein.
- Die Poomse soll in einer eleganten und rhythmischen Weise ausgeführt werden.
- Die Bewegungen müssen je nach den Regeln der einzelnen Poomse beschleunigt oder verlangsamt werden.
- Eine Poomse muß erst vollendet werden, bevor man sich an einer anderen versucht.

Trainingsverhalten

- Vor dem Training kurze Meditation, Aufwärmen, Wiederholung des Gelernten.
- Beim Ausführen der Bewegungsabläufe richtig atmen und mitdenken, nicht einfach nur nachahmen.
- Technik und Geist sind in einen harmonischen Einklang zu bringen.
- Höflichkeit und Zurückhaltung gegenüber anderen sind wichtige Voraussetzungen.
- Beim Betreten und Verlassen des Trainingsraums hat sich der Schüler vor dem Trainer und dem Partner zu verneigen.
- Der *Dobok* (Anzug) ist immer in Ordnung zu halten, der *Ty* (Gürtel) soll ordnungsgemäß geknotet sein.
- Beim Training darf kein Schmuck (Ring, Kette, Uhr usw.) getragen werden; Verletzungsgefahr.
- Im Garderoberaum, in der Dusche, im Trainingsraum usw. ist stets auf Ordnung und Disziplin zu achten.

	Körper- und Beinbewegungen	Stellungen	Handtechniken
Junbi	Blicken Sie in Richtung ›V‹ und setzen Sie den linken Fuß zur Seite.	**Naranhi-sogi**	**Gibon-junbi**
1	Drehen Sie sich nach links und setzen Sie den linken Fuß vor in Richtung ›L1‹.	**Oen-apkubi**	**Arae-makki**
2	Setzen Sie den rechten Fuß einen Schritt vor in Richtung ›L1‹.	**Orun-apkubi**	**Momtong-makki**
3	Drehen Sie den Körper auf dem Ballen des linken Fußes um 180° rechtsherum und setzen Sie den rechten Fuß vor in Richtung ›R1‹.	**Orun-apkubi**	**Arae-makki**
4	Setzen Sie den linken Fuß einen Schritt vor in Richtung ›R1‹.	**Oen-apkubi**	**Momtong-makki**
5	Drehen Sie sich auf dem Ballen des rechten Fußes nach links und setzen Sie den linken Fuß einen Schritt vor in Richtung ›V‹.	**Oen-apkubi**	**Arae-makki**
6	Setzen Sie den rechten Fuß einen Schritt vor in Richtung ›V‹.	**Oen-dwitkubi**	**Momtong-yop-makki**
7	Setzen Sie den linken Fuß einen Schritt vor in Richtung ›V‹.	**Orun-dwitkubi**	**Momtong-yop-makki**
8	Setzen Sie den rechten Fuß einen Schritt vor in Richtung ›V‹.	**Orun-apkubi**	**Momtong-bandae-jirugi** (›Kihap‹)
9	Drehen Sie sich auf dem rechten Fuß linksherum und setzen Sie den linken Fuß vor in Richtung ›R 2‹.	**Orun-dwitkubi**	**Sonnal-momtong-makki**
10	Setzen Sie den rechten Fuß einen Schritt vor in Richtung ›R 2‹.	**Oen-dwitkubi**	**Momtong-makki**
11	Drehen Sie sich auf dem Ballen des linken Fußes um 180° rechtsherum und setzen Sie den rechten Fuß vor in Richtung ›L 2‹.	**Oen-dwitkubi**	**Sonnal-momtong-makki**
12	Setzen Sie den linken Fuß einen Schritt vor in Richtung ›L 2‹.	**Orun-dwitkubi**	**Momtong-makki**

Fortsetzung auf der nächsten Seite

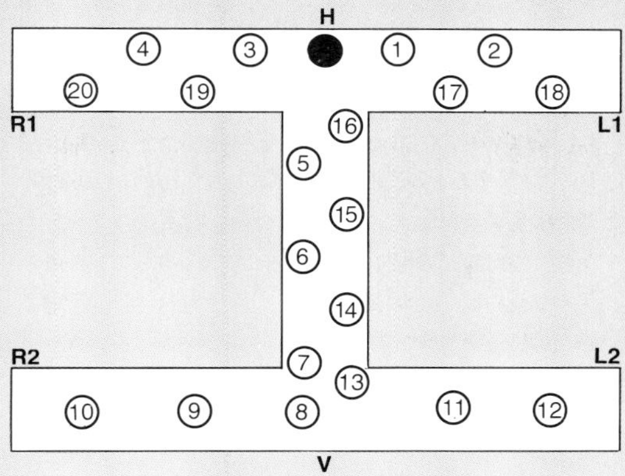
H
4 3 1 2
20 19 17 18
R1
L1
16
5
15
6
14
R2
7
13
L2
10 9 8 11 12
V

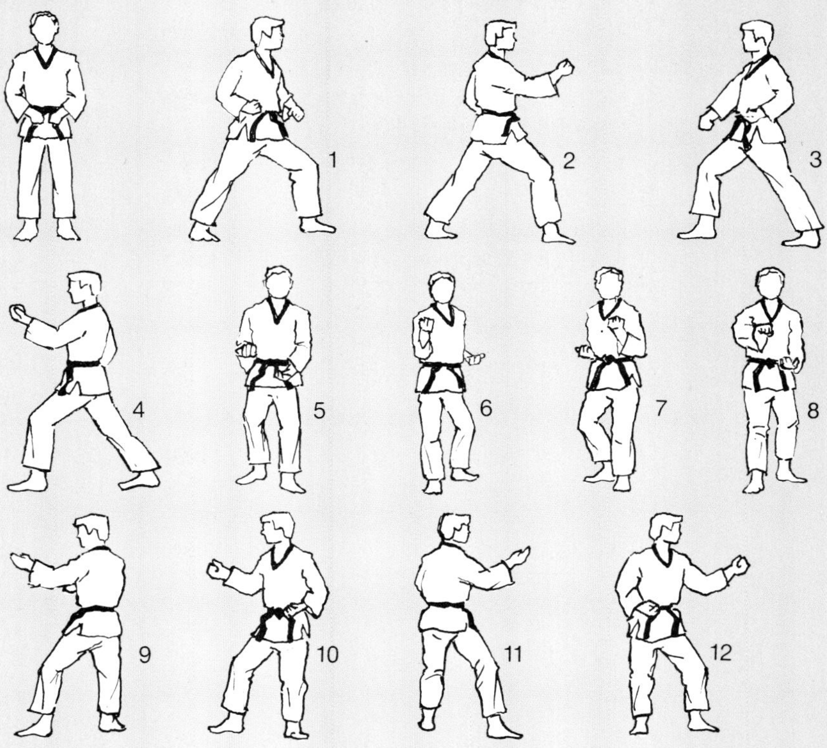
1
2
3
4
5
6
7
8
9
10
11
12

	Körper- und Beinbewegungen	Stellungen	Handtechniken
13	Drehen Sie sich auf dem Ballen des rechten Fußes nach links und setzen Sie den linken Fuß vor in Richtung ›H‹.	**Oen-apkubi**	**Arae-makki**
14	Setzen Sie den rechten Fuß einen Schritt vor in Richtung ›H‹.	**Orun-apkubi**	**Orun-han-sonnal-mok-chigi**
15	Setzen Sie den linken Fuß einen Schritt vor in Richtung ›H‹.	**Oen-apkubi**	**Oen-han-sonnal-mok-chigi**
16	Setzen Sie den rechten Fuß einen Schritt vor in Richtung ›H‹.	**Orun-apkubi**	**Momtong-bandae-jirugi** (›Kihap‹)
17	Drehen Sie sich auf dem Ballen des rechten Fußes linksherum und setzen Sie den linken Fuß vor in Richtung ›L1‹.	**Oen-apkubi**	**Arae-makki**
18	Setzen Sie den rechten Fuß einen Schritt vor in Richtung ›L1‹.	**Orun-apkubi**	**Momtong-makki**
19	Drehen Sie sich auf dem Ballen des linken Fußes um 180° rechtsherum und setzen Sie den rechten Fuß vor in Richtung ›R1‹.	**Orun-apkubi**	**Arae-makki**
20	Setzen Sie den linken Fuß einen Schritt vor in Richtung ›R1‹.	**Oen-apkubi**	**Momtong-makki**
Guman	Drehen Sie sich auf dem Ballen des rechten Fußes nach links und blicken Sie in Richtung ›V‹.	**Naranhi-sogi**	**Gibon-junbi**

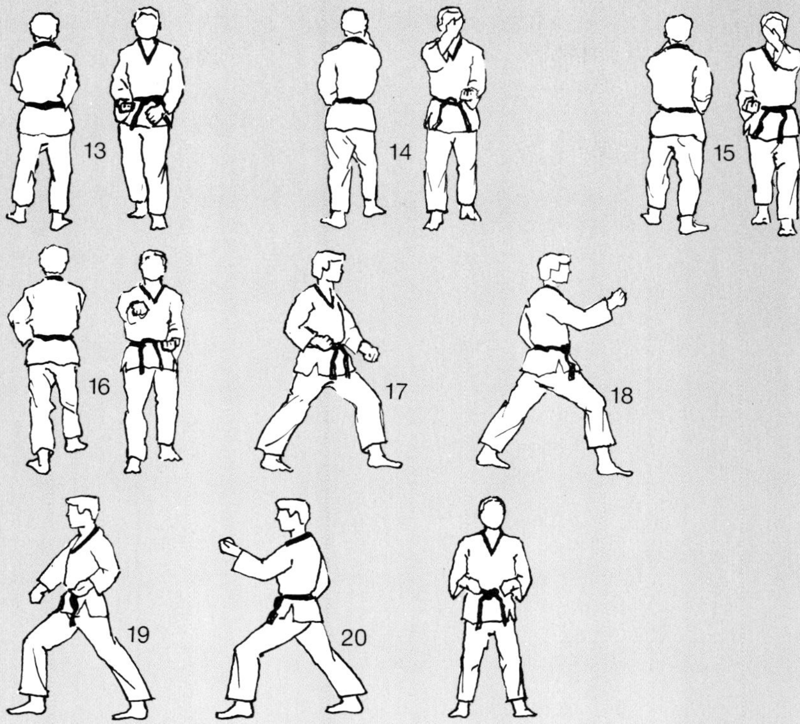

13
14
15
16
17
18
19
20

	Körper- und Beinbewegungen	Stellungen	Handtechniken
Junbi	Blicken Sie in Richtung ›V‹ und setzen Sie den linken Fuß zur Seite.	**Naranhi-sogi**	**Gibon-junbi**
1	Drehen Sie sich nach links und setzen Sie den linken Fuß vor in Richtung ›L1‹.	**Oen-apkubi**	**Olgul-makki**
2	Treten Sie mit dem rechten Fuß einen **Apchagi** und setzen Sie ihn dann ab in Richtung ›L1‹.	**Orun-apkubi**	**Momtong-bandae-jirugi**
3	Drehen Sie sich auf dem Ballen des linken Fußes um 180° rechtsherum und setzen Sie den rechten Fuß vor in Richtung ›R1‹.	**Orun-apkubi**	**Olgul-makki**
4	Treten Sie mit dem linken Fuß einen **Apchagi** und setzen Sie ihn dann ab in Richtung ›R1‹.	**Oen-apkubi**	**Momtong-bandae-jirugi**
5	Drehen Sie sich auf dem Ballen des rechten Fußes linksherum und setzen Sie den linken Fuß vor in Richtung ›V‹.	**Orun-dwitkubi**	**Sonnal-arae-makki**
6	Setzen Sie den rechten Fuß einen Schritt vor in Richtung ›V‹.	**Oen-dwitkubi**	**Sonnal-momtong-makki**
7	Setzen Sie den linken Fuß einen Schritt vor in Richtung ›V‹.	**Oen-apkubi**	**Olgul-makki**
8	Setzen Sie den rechten Fuß einen Schritt vor in Richtung ›V‹.	**Orun-apkubi**	**Momtong-bandae-jirugi** (›Kihap‹)
9	Drehen Sie sich auf dem Ballen des rechten Fußes linksherum und setzen Sie den linken Fuß vor in Richtung ›R2‹.	**Oen-apkubi**	**Olgul-makki**
10	Treten Sie mit dem rechten Fuß einen **Apchagi** und setzen Sie ihn dann ab in Richtung ›R2‹.	**Orun-apkubi**	**Momtong-bandae-jirugi**

Fortsetzung auf der nächsten Seite

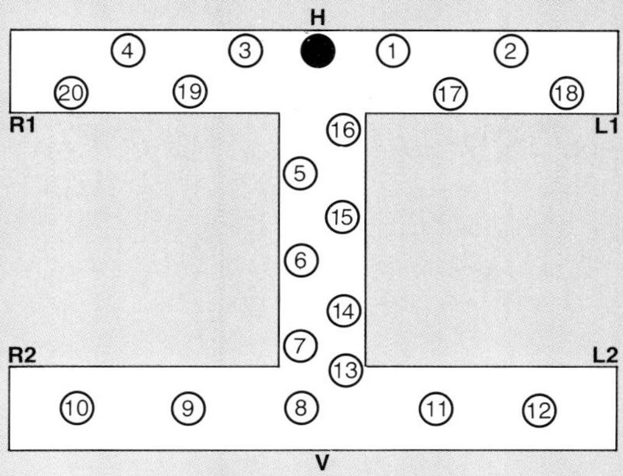
H
4
3
1
2
20
19
17
18
R1
L1
16
5
15
6
14
7
13
R2
L2
10
9
8
11
12
V

1
2
3
4
5
6
7
8
9
10

	Körper- und Beinbewegungen	Stellungen	Handtechniken
11	Drehen Sie sich auf dem linken Fuß um 180° rechtsherum und setzen Sie den rechten Fuß vor in Richtung ›L 2‹.	**Orun-apkubi**	**Olgul-makki**
12	Treten Sie mit dem linken Fuß einen **Apchagi** und setzen Sie ihn dann ab in Richtung ›L 2‹.	**Oen-apkubi**	**Momtong-bandae-jirugi**
13	Drehen Sie sich auf dem Ballen des rechten Fußes linksherum und setzen Sie den linken Fuß vor in Richtung ›H‹.	**Orun-dwitkubi**	**Goduro-arae-makki**
14	Setzen Sie den rechten Fuß einen Schritt vor in Richtung ›H‹.	**Oen-dwitkubi**	**Goduro-momtong-makki**
15	Setzen Sie den linken Fuß einen Schritt vor in Richtung ›H‹.	**Orun-dwitkubi**	**Momtong-makki**
16	Setzen Sie den rechten Fuß einen Schritt vor in Richtung ›H‹.	**Orun-apkubi**	**Momtong-bandae-jirugi** (›Kihap‹)
17	Drehen Sie sich auf dem Ballen des rechten Fußes nach links und setzen Sie den linken Fuß vor in Richtung ›L1‹.	**Oen-apkubi**	**Olgul-makki**
18	Treten Sie mit dem rechten Fuß einen **Apchagi** und setzen Sie ihn dann ab in Richtung ›L1‹.	**Orun-apkubi**	**Momtong-bandae-jirugi**
19	Drehen Sie sich auf dem Ballen des linken Fußes um 180° nach rechts und setzen Sie den rechten Fuß vor in Richtung ›R1‹.	**Orun-apkubi**	**Olgul-makki**
20	Treten Sie mit dem linken Fuß einen **Apchagi** und setzen Sie ihn dann ab in Richtung ›R1‹.	**Oen-apkubi**	**Momtong-bandae-jirugi**
Guman	Drehen Sie sich auf dem Ballen des rechten Fußes nach links, bis Sie in Richtung ›V‹ blicken.	**Naranhi-sogi**	**Gibon-junbi**

11
12
13
14
15
16
17
18
19
20

	Körper- und Beinbewegungen	Stellungen	Handtechniken
Junbi	Blicken Sie in Richtung ›V‹ und setzen Sie den linken Fuß einen Schritt zur Seite.	**Naranhi-sogi**	**Gibon-junbi**
1	Drehen Sie sich nach links und setzen Sie den linken Fuß einen Schritt vor in Richtung ›L1‹.	**Oen-apkubi**	**Arae-makki**
2	Setzen Sie den rechten Fuß einen Schritt vor in Richtung ›L1‹.	**Orun-apkubi**	**Momtong-bandae-jirugi**
3	Drehen Sie sich auf dem Ballen des linken Fußes um 180° rechtsherum und setzen Sie den rechten Fuß vor in Richtung ›R1‹.	**Orun-apkubi**	**Arae-makki**
4	Setzen Sie den linken Fuß einen Schritt vor in Richtung ›R1›.	**Oen-apkubi**	**Momtong-bandae-jirugi**
5	Drehen Sie sich auf dem Ballen des rechten Fußes nach links und setzen Sie den linken Fuß vor in Richtung ›V‹.	**Oen-apkubi**	**Arae-makki**
6	Setzen Sie den rechten Fuß einen Schritt vor in Richtung ›V‹	**Orun-apkubi**	**Olgul-makki**
7	Setzen Sie den linken Fuß einen Schritt vor in Richtung ›V‹.	**Oen-apkubi**	**Olgul-makki**
8	Setzen Sie den rechten Fuß einen Schritt vor in Richtung ›V‹.	**Orun-apkubi**	**Olgul-bandae-jirugi** (›Kihap‹)
9	Drehen Sie sich auf dem Ballen des rechten Fußes linksherum, bis Sie den linken Fuß in Richtung ›R 2‹ setzen können.	**Orun-dwitkubi**	**Sonnal-momtong-makki**
10	Setzen Sie den rechten Fuß einen Schritt vor in Richtung ›R 2‹.	**Oen-dwitkubi**	**Sonnal-momtong-makki**

Fortsetzung auf der nächsten Seite

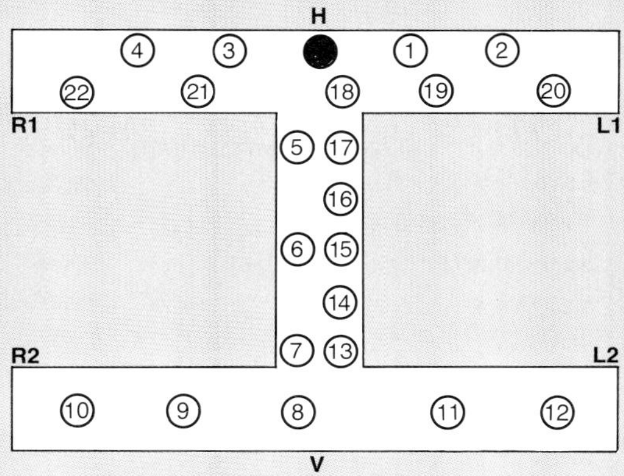
H
4
3
1
2
22
21
18
19
20
R1
L1
5
17
16
6
15
14
7
13
R2
L2
10
9
8
11
12
V

1
2
3
4
5
6
7
8
9
10

	Körper- und Beinbewegungen	Stellungen	Handtechniken
11	Drehen Sie sich auf dem Ballen des linken Fußes um 180° rechtsherum und setzen Sie den rechten Fuß vor in Richtung ›L 2‹.	**Oen-dwitkubi**	**Sonnal-momtong-makki**
12	Setzen Sie den linken Fuß einen Schritt vor in Richtung ›L 2‹.	**Orun-dwitkubi**	**Sonnal-momtong-makki**
13	Drehen Sie sich auf dem Ballen des rechten Fußes nach links und setzen Sie den linken Fuß vor in Richtung ›H‹.	**Orun-dwitkubi**	**Momtong-yop-makki**
14	Führen Sie auf der Stelle eine Positionsänderung durch in Richtung ›V‹.	**Oen-dwitkubi**	**Momtong-yop-makki** (→ ›V‹)
15	Setzen Sie den rechten Fuß nach hinten in Richtung ›H‹.	**Orun-dwitkubi**	**Momtong-makki** (→ ›V‹)
16	Setzen Sie den linken Fuß nach hinten in Richtung ›H‹.	**Oen-dwitkubi**	**Momtong-makki** (→ ›V‹)
17	Setzen Sie den rechten Fuß nach hinten in Richtung ›H‹.	**Orun-dwitkubi**	**Momtong-makki** (→ ›V‹)
18	Ändern Sie auf der Stelle Ihre Position in Richtung ›H‹.	**Oen-dwitkubi**	**Momtong-yop-makki**
19	Drehen Sie sich auf dem Ballen des rechten Fußes um 180° linksherum und setzen Sie den linken Fuß vor in Richtung ›L1‹.	**Oen-apkubi**	**Olgul-makki**
20	Setzen Sie den rechten Fuß einen Schritt vor in Richtung ›L1‹.	**Orun-apkubi**	**Olgul-bandae-jirugi**
21	Drehen Sie sich auf dem Ballen des linken Fußes um 180° rechtsherum und setzen Sie den rechten Fuß vor in Richtung ›R1‹.	**Orun-apkubi**	**Olgul-makki**
22	Setzen Sie den linken Fuß einen Schritt vor in in Richtung ›R1‹.	**Oen-apkubi**	**Olgul-bandae-jirugi** (›Kihap‹)
Guman	Drehen Sie sich auf dem Ballen des rechten Fußes nach links und blicken Sie in Richtung ›V‹.	**Naranhi-sogi**	**Gibon-junbi**

11
12
13
14
15
16
17
18
19
20
21
22

	Körper- und Beinbewegungen	Stellungen	Handtechniken
Junbi	Blicken Sie in Richtung ›V‹ und setzen Sie den linken Fuß zur Seite.	**Naranhi-sogi**	**Gibon-junbi**
1	Drehen Sie sich nach links und setzen Sie den linken Fuß vor in Richtung ›L1‹.	**Orun-dwitkubi**	**Kumgang-momtong-makki**
2	Die Fußstellung bleibt unverändert.	**Orun-dwitkubi**	**Danggyo-tok-jirugi**
3	Ziehen Sie den linken Fuß etwas an den rechten heran.	**Pyonhi-sogi**	**Oen-han-sonnal-yop-chigi**
4	Machen Sie einen **Modumbal,** indem Sie den linken Fuß an den rechten heranziehen. Dann setzen Sie plötzlich den rechten Fuß vor in Richtung ›R1‹.	**Oen-dwitkubi**	**Kumgang-momtong-makki**
5	Die Fußstellung bleibt unverändert.	**Oen-dwitkubi**	**Danggyo-tok-jirugi**
6	Ziehen Sie den rechten Fuß etwas an den linken heran.	**Pyonhi-sogi**	**Orun-han-sonnal-yop-chigi**
7	Machen Sie einen **Modumbal,** indem Sie den rechten Fuß an den linken heranziehen und dann plötzlich den linken Fuß einen Schritt vorsetzen in Richtung ›V‹.	**Orun-dwitkubi**	**Sonnal-momtong-makki**
8	Treten Sie mit dem rechten Fuß einen **Apchagi** und setzen Sie ihn dann ab in Richtung ›V‹.	**Orun-apkubi**	**Pyonsonkut-sewo-chirugi**
9	Drehen Sie sich auf der Stelle nach links und führen Sie mit der rechten Hand einen **Mituro-paegi** aus. Dann drehen Sie sich schnell um 360° auf dem Ballen des rechten Fußes. Setzen Sie den linken Fuß einen Schritt vor in Richtung ›V‹.	**Oen-apkubi**	**Oen-mejumok-bakkat-chigi**
10	Setzen Sie den rechten Fuß einen Schritt vor in Richtung ›V‹.	**Orun-apkubi**	**Momtong-bandae-jirugi** (›Kihap‹)
11	Drehen Sie sich auf dem Ballen des rechten Fußes nach links und setzen Sie den linken Fuß vor in Richtung ›R2‹.	**Orun-dwitkubi**	**Kumgang-momtong-makki**

Fortsetzung auf der nächsten Seite

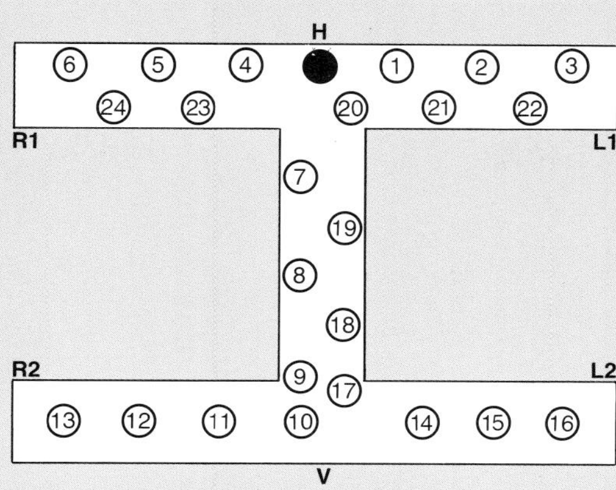
H
6
5
4
1
2
3
24
23
20
21
22
R1
L1
7
19
8
18
R2
L2
9
17
13
12
11
10
14
15
16
V

1
2
3
4
5
6
7
8
9
10
11

	Körper- und Beinbewegungen	Stellungen	Handtechniken
12	Die Fußstellung bleibt unverändert.	**Orun-dwitkubi**	**Danggyo-tok-jirugi**
13	Ziehen Sie den linken Fuß etwas an den rechten heran.	**Pyonhi-sogi**	**Orun-han-sonnal-yop-chigi**
14	Machen Sie einen **Modumbal,** indem Sie den linken Fuß an den rechten heranziehen und dann plötzlich den rechten in Richtung ›L 2‹ vorsetzen.	**Oen-dwitkubi**	**Kumgang-momtong-makki**
15	Die Fußstellung bleibt unverändert.	**Oen-dwitkubi**	**Danggyo-tok-jirugi**
16	Ziehen Sie den rechten Fuß etwas an den linken heran.	**Pyonhi-sogi**	**Orun-han-sonnal-yop-chigi**
17	Machen Sie einen **Modumbal,** indem Sie den rechten Fuß an den linken heranziehen und dann den linken Fuß plötzlich in Richtung ›H‹ vorsetzen.	**Orun-dwitkubi**	**Sonnal-momtong-makki**
18	Treten Sie mit dem rechten Fuß einen **Apchagi** und setzen Sie ihn dann ab in Richtung ›H‹.	**Orun-apkubi**	**Pyonsonkut-sewo-chirugi**
19	Drehen Sie sich auf der Stelle nach links und führen Sie mit der rechten Hand den **Wiro-paegi** aus. Dann drehen Sie sich auf dem rechten Fuß schnell um 360° und setzen den linken Fuß einen Schritt vor in Richtung ›H‹.	**Oen-apkubi**	**Oen-mejumok-bakkat-chigi**
20	Setzen Sie den rechten Fuß einen Schritt vor in Richtung ›H‹.	**Orun-apkubi**	**Momtong-bandae-jirugi** (›Kihap‹)
21	Drehen Sie sich auf dem Ballen des rechten Fußes nach links und setzen Sie den linken Fuß vor in Richtung ›L1‹.	**Juchum-sogi**	**Arae-yop-makki**
22	Schieben Sie den linken Fuß vor in Richtung ›L1‹.	**Oen-apkubi**	**Momtong-baro-jirugi**
23	Ziehen Sie den linken Fuß etwas an den rechten heran und drehen Sie den Körper in Richtung ›V‹. Die Augen blicken in Richtung ›R1‹.	**Juchum-sogi**	**Arae-yop-makki**
24	Schieben Sie den rechten Fuß etwas vor in Richtung ›R1‹.	**Orun-apkubi**	**Momtong-baro-jirugi**
Guman	Ziehen Sie den rechten Fuß etwas heran und blicken Sie in Richtung ›V‹.	**Naranhi-sogi**	**Gibon-junbi**

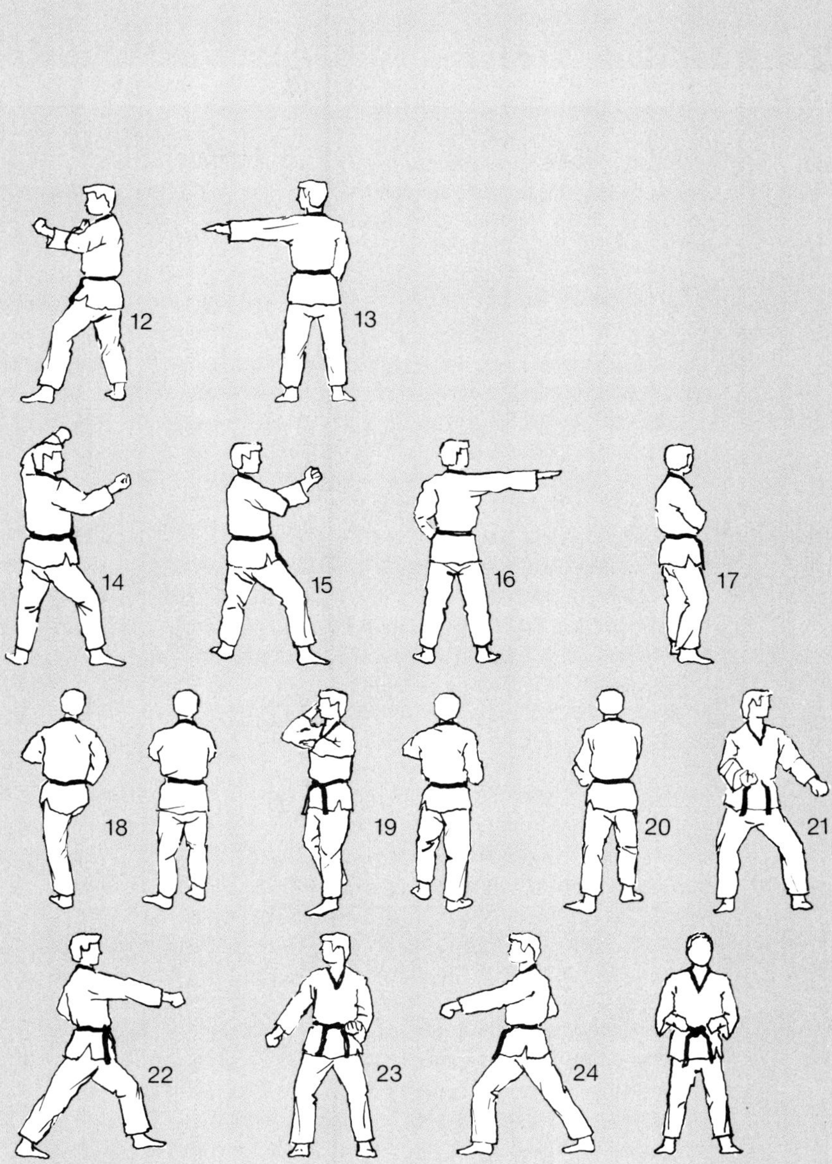
12
13
14
15
16
17
18
19
20
21
22
23
24

	Körper- und Beinbewegungen	Stellungen	Handtechniken
Junbi	Blicken Sie in Richtung ›V‹ und setzen Sie den linken Fuß zur Seite.	**Naranhi-sogi**	**Gibon-junbi**
1	Setzen Sie den linken Fuß einen Schritt zurück in Richtung ›H‹.	**Orun-apkubi**	**Gawi-makki**
2	Setzen Sie den linken Fuß einen Schritt vor in Richtung ›L1‹, ohne den rechten Fuß zu versetzen.	**Orun-dwitkubi**	**Sonnal-arae-makki**
3	Setzen Sie den rechten Fuß einen Schritt vor in Richtung ›L1‹.	**Oen-dwitkubi**	**Sonnal-momtong-makki**
4	Setzen Sie den rechten Fuß einen Schritt zurück in Richtung ›R1‹.	**Orun-dwitkubi**	**Oen-batangson-nullo-makki**
5	Setzen Sie den rechten Fuß wieder einen Schritt vor in Richtung ›L1‹.	**Orun-apkubi**	**Momtong-bandae-jirugi**
6	Drehen Sie sich auf dem Ballen des linken Fußes um 180° rechtsherum und setzen Sie den rechten Fuß vor in Richtung ›R1‹.	**Oen-dwitkubi**	**Sonnal-arae-makki**
7	Setzen Sie den linken Fuß einen Schritt vor in Richtung ›R1‹.	**Orun-dwitkubi**	**Sonnal-momtong-makki**
8	Setzen Sie den linken Fuß einen Schritt zurück in Richtung ›L1‹.	**Oen-dwitkubi**	**Orun-batangson-nullo-makki**
9	Setzen Sie den linken Fuß einen Schritt vor in Richtung ›R1‹.	**Oen-apkubi**	**Momtong-bandae-jirugi**

Fortsetzung auf der nächsten Seite

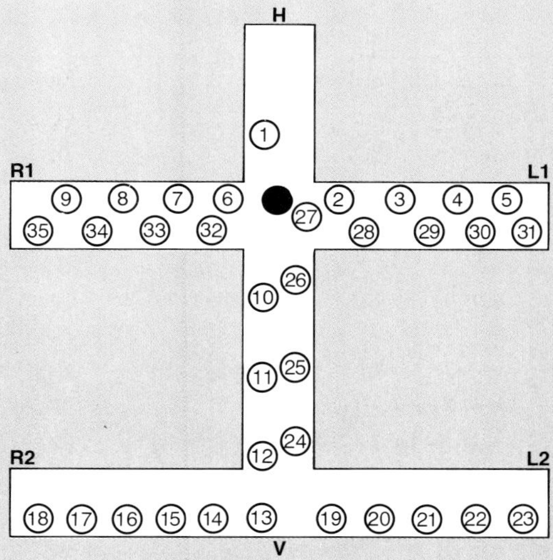
H
R1
L1
R2
L2
V
1
9 8 7 6 2 3 4 5
35 34 33 32 27 28 29 30 31
26
10
25
11
24
12
18 17 16 15 14 13 19 20 21 22 23

1
2
3
4
5
6
7
8
9

	Körper- und Beinbewegungen	Stellungen	Handtechniken
10	Drehen Sie sich auf dem Ballen des rechten Fußes nach links und setzen Sie den linken Fuß vor in Richtung ›V‹.	**Oen-apkubi**	**Gawi-makki**
11	Setzen Sie den rechten Fuß einen Schritt vor in Richtung ›V‹.	**Orun-apkubi**	**Goduro-momtong-makki**
12	Setzen Sie den linken Fuß vor in Richtung ›V‹.	**Oen-apkubi**	**Goduro-momtong-makki**
13	Setzen Sie den rechten Fuß einen Schritt vor in Richtung ›V‹.	**Orun-apkubi**	**Pyonsonkut-sewo-chirugi** (›Kihap‹)
14	Drehen Sie sich auf dem Ballen des rechten Fußes nach links und setzen Sie den linken Fuß vor in Richtung ›R 2‹.	**Oen-apkubi**	**Oen-anpalmok-momtong-bakkat-makki**
15	Die Fußstellung bleibt unverändert.	**Oen-apkubi**	**Momtong-dubon-jirugi**
16	Heben Sie den linken Fuß in Kniehöhe, die Augen blicken weiterhin in Richtung ›R 2‹.	**Orun-hak-dari-sogi**	**Orun-jagun-dolchogwi**
17	Treten Sie mit dem linken Fuß einen **Yop-chagi** und setzen Sie ihn dann ab in Richtung ›R 2‹.	**Oen-apkubi**	**Orun-palgup-pyojok-chigi**
18	Setzen Sie den rechten Fuß vor in Richtung ›R 2‹.	**Oen-dwitkubi**	**Sonnal-momtong-makki**
19	Drehen Sie sich auf dem Ballen des linken Fußes um 180° rechtsherum und setzen Sie den rechten Fuß vor in Richtung ›L 2‹.	**Orun-apkubi**	**Orun-anpalmok-momtong-bakkat-makki**
20	Die Fußstellung bleibt unverändert.	**Orun-apkubi**	**Momtong-dubon-jirugi** (links-rechts)
21	Heben Sie den rechten Fuß in Kniehöhe und blicken Sie weiterhin in Richtung ›L 2‹.	**Oen-hak-dari-sogi**	**Oen-jagun-dolchogwi**
22	Treten Sie mit dem rechten Fuß einen **Yop-chagi** und setzen Sie ihn dann ab in Richtung ›L 2‹.	**Orun-apkubi**	**Oen-palgup-pyojok-chigi**
23	Setzen Sie den linken Fuß einen Schritt vor in Richtung ›L 2‹.	**Orun-dwitkubi**	**Sonnal-momtong-makki**

Fortsetzung auf der nächsten Seite

10
11
12
13
14
15
16
17
18
19
20
21
22
23

	Körper- und Beinbewegungen	Stellungen	Handtechniken
24	Drehen Sie sich auf dem Ballen des rechten Fußes nach links und setzen Sie den linken Fuß vor in Richtung ›H‹.	**Oen-apkubi**	**Gawi-makki**
25	Setzen Sie den rechten Fuß vor in Richtung ›H‹.	**Oen-dwitkubi**	**Goduro-arae-makki**
26	Setzen Sie den linken Fuß vor in Richtung ›H‹.	**Orun-dwitkubi**	**Goduro-arae-makki**
27	Setzen Sie den rechten Fuß vor in Richtung ›H‹.	**Orun-apkubi**	**Momtong-bandae-jirugi** (›Kihap‹)
28	Drehen Sie sich auf dem Ballen des rechten Fußes linksherum und setzen Sie den linken Fuß vor in Richtung ›L1‹.	**Orun-dwitkubi**	**Sonnal-arae-makki**
29	Setzen Sie den rechten Fuß vor in Richtung ›L1‹.	**Oen-dwitkubi**	**Sonnal-momtong-makki**
30	Setzen Sie den rechten Fuß einen Schritt zurück in Richtung ›R1‹. Sie blicken dabei weiterhin in Richtung ›L1‹.	**Orun-dwitkubi**	**Oen-batangson-nullo-makki**
31	Setzen Sie den rechten Fuß wieder einen Schritt vor in Richtung ›L1‹.	**Orun-apkubi**	**Momtong-bandae-jirugi**
32	Drehen Sie sich auf dem Ballen des linken Fußes um 180° rechtsherum und setzen Sie den rechten Fuß vor in Richtung ›R1‹.	**Oen-dwitkubi**	**Sonnal-arae-makki**
33	Setzen Sie den linken Fuß vor in Richtung ›R1‹.	**Orun-dwitkubi**	**Sonnal-momtong-makki**
34	Setzen Sie den linken Fuß wieder einen Schritt zurück in Richtung ›L1‹. Der Blick geht weiterhin in Richtung ›R1‹.	**Oen-dwitkubi**	**Orun-batangson-nullo-makki**
35	Setzen Sie den linken Fuß wieder einen Schritt vor in Richtung ›R1‹.	**Oen-dwitkubi**	**Momtong-bandae-jirugi**
Guman	Drehen Sie sich auf dem Ballen des rechten Fußes nach links in Richtung ›V‹ und ziehen Sie gleichzeitig den linken Fuß an den rechten heran.	**Naranhi-sogi**	**Gibon-junbi**

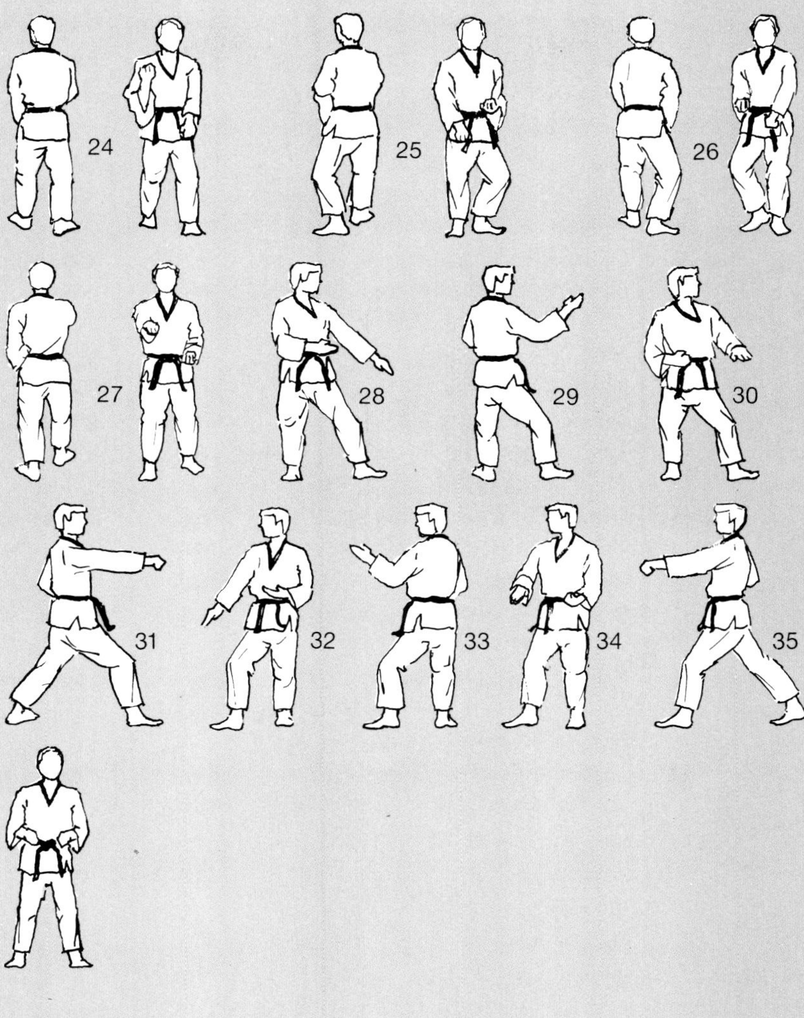
24
25
26
27
28
29
30
31
32
33
34
35

	Körper- und Beinbewegungen	Stellungen	Handtechniken
Junbi	Blicken Sie in Richtung ›V‹ und setzen Sie den linken Fuß zur Seite.	**Naranhi-sogi**	**Gibon-junbi**
1	Drehen Sie sich nach links und setzen Sie den linken Fuß vor in Richtung ›L1‹.	**Orun-dwitkubi**	**Sonnal-momtong-makki**
2	Treten Sie mit dem rechten Fuß einen **Apchagi** und setzen Sie ihn dann ab in Richtung ›L1‹.	**Orun-apkubi**	**Momtong-bandae-jirugi**
3	Drehen Sie sich auf dem Ballen des linken Fußes um 180° rechtsherum und setzen Sie den rechten Fuß vor in Richtung ›R1‹.	**Oen-dwitkubi**	**Sonnal-momtong-makki**
4	Treten Sie mit dem linken Fuß einen **Apchagi** und setzen Sie ihn dann ab in Richtung ›R1‹.	**Oen-apkubi**	**Momtong-bandae-jirugi**
5	Drehen Sie sich auf dem Ballen des rechten Fußes nach links und setzen Sie den linken Fuß vor in Richtung ›V‹.	**Oen-apkubi**	**Arae-makki**
6	Drehen Sie den Körper nach links, ohne den Stand zu verändern.	**Oen-apkubi**	**Jebipum-mok-chigi**
7	Treten Sie mit dem rechten Fuß einen **Apchagi** und springen Sie einen Schritt vorwärts in Richtung ›V‹.	**Orun-kkoa-sogi**	**Goduro-dungjumok-olgul-apchigi** (›Kihap‹)
8	Drehen Sie sich auf dem Ballen des rechten Fußes nach links und setzen Sie den linken Fuß vor in Richtung ›R 2‹.	**Orun-dwitkubi**	**Sonnal-arae-makki**
9	Schieben Sie den linken Fuß etwas in Richtung ›R 2‹ vor, während der rechte stehen bleibt.	**Oen-apkubi**	**Momtong-hechyo-makki**

Fortsetzung auf der nächsten Seite

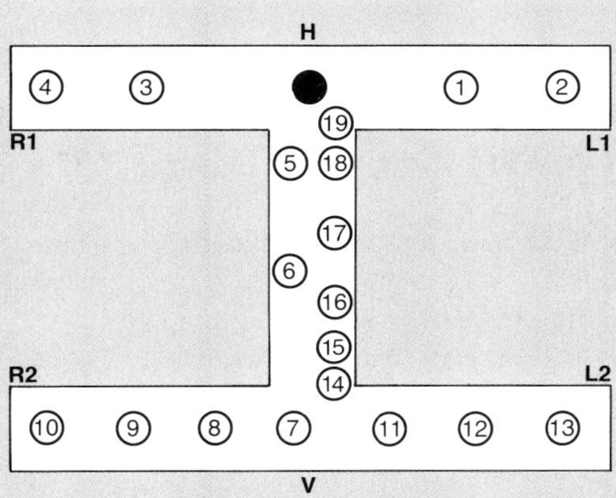
H
R1
L1
R2
L2
V
1
2
3
4
5
6
7
8
9
10
11
12
13
14
15
16
17
18
19

1
2
3
4
5
6
7
8
9

	Körper- und Beinbewegungen	Stellungen	Handtechniken
10	Treten Sie mit dem rechten Fuß einen **Apchagi** und setzen Sie ihn dann ab in Richtung ›R 2‹.	**Orun-apkubi**	**Momtong-dubon-jirugi** (rechts-links)
11	Drehen Sie sich auf dem Ballen des linken Fußes um 180° rechtsherum und setzen Sie den rechten Fuß vor in Richtung ›L 2‹.	**Oen-dwitkubi**	**Sonnal-arae-makki**
12	Schieben Sie den rechten Fuß vor in Richtung ›L 2‹, während der linke stehen bleibt.	**Orun-apkubi**	**Momtong-hechyo-makki**
13	Treten Sie mit dem linken Fuß einen **Apchagi** und setzen Sie ihn ab in Richtung ›L 2‹.	**Oen-apkubi**	**Momtong-dubon-jirugi** (links-rechts)
14	Drehen Sie sich auf dem Ballen des rechten Fußes nach links und setzen Sie den linken Fuß vor in Richtung ›H‹.	**Orun-dwitkubi**	**Sonnal-momtong-makki**
15	Schieben Sie den linken Fuß etwas in Richtung ›H‹ vor und drehen Sie den Oberkörper etwas nach links, ohne den rechten Fuß zu versetzen.	**Oen-apkubi**	**Jebipum-tok-chigi**
16	Treten Sie mit dem rechten Fuß einen **Apchagi** und setzen Sie ihn dann ab in Richtung ›H‹.	**Orun-apkubi**	**Orun-dungjumok-olgul-apchigi** (›Kihap‹)
17	Treten Sie mit dem linken Fuß einen **Apchagi** und setzen Sie ihn dann ab in Richtung ›H‹.	**Oen-apkubi**	**Olgul-makki**
18	Treten Sie mit dem rechten Fuß einen **Yop-chagi** in Richtung ›H‹ und setzen Sie ihn dann in derselben Richtung ab.	**Oen-dwitkubi**	**Sonnal-momtong-makki**
19	Führen Sie auf der Stelle eine Positionsänderung durch in Richtung ›V‹.	**Orun-dwitkubi**	**Sonnal-momtong-makki**
Guman	Ziehen Sie den rechten Fuß etwas an den linken heran und blicken Sie in Richtung ›G‹.	**Naranhi-sogi**	**Gibon-junbi**

10
11
12
13
14
15
16
17
18
19

	Körper- und Beinbewegungen	Stellungen	Handtechniken
Junbi	Blicken Sie in Richtung ›V‹ und stellen Sie den linken Fuß zur Seite.	**Naranhi-sogi**	**Gibon-junbi**
1	Setzen Sie den linken Fuß einen Schritt vor in Richtung ›V‹.	**Oen-apkubi**	**Hechyo-arae-makki**
2	Treten Sie mit dem rechten Fuß einen **Apchagi** und setzen Sie ihn ab in Richtung ›V‹.	**Orun-apkubi**	**Anpalmok-hechyo-momtong-makki**
3	Treten Sie mit dem linken Fuß einen **Apchagi** und setzen Sie ihn dann ab in Richtung ›V‹.	**Oen-apkubi**	**Otgoro-olgul-makki**
4	Treten Sie mit dem rechten Fuß einen **Yop-chagi** in Richtung ›V‹ und setzen Sie ihn dann in derselben Richtung ab.	**Oen-dwitkubi**	**Sonnal-momtong-makki**
5	Drehen Sie sich auf dem Ballen des rechten Fußes linksherum und setzen Sie den linken Fuß vor in Richtung ›R‹.	**Orun-dwitkubi**	**Momtong-yop-makki**
6	Schieben Sie den linken Fuß etwas vor in Richtung ›R‹.	**Oen-apkubi**	**Olgul-baro-jirugi**
7	Die Fußstellung bleibt unverändert.	**Oen-apkubi**	**Olgul-makki**
8	Treten Sie mit dem rechten Fuß einen **Yop-chagi** und setzen Sie ihn dann ab in Richtung ›R‹.	**Oen-dwitkubi**	**Sonnal-arae-makki**
9	Schieben Sie den rechten Fuß etwas vor in Richtung ›R‹.	**Orun-apkubi**	**Momtong-baro-jirugi**
10	Drehen Sie sich auf dem Ballen des linken Fußes um 180° nach rechts und setzen Sie den rechten Fuß vor in Richtung ›L‹.	**Oen-dwitkubi**	**Momtong-yop-makki**
11	Schieben Sie den rechten Fuß etwas vor in Richtung ›L‹.	**Orun-apkubi**	**Olgul-baro-jirugi**
12	Die Fußstellung bleibt unverändert.	**Orun-apkubi**	**Olgul-makki**

Fortsetzung auf der nächsten Seite

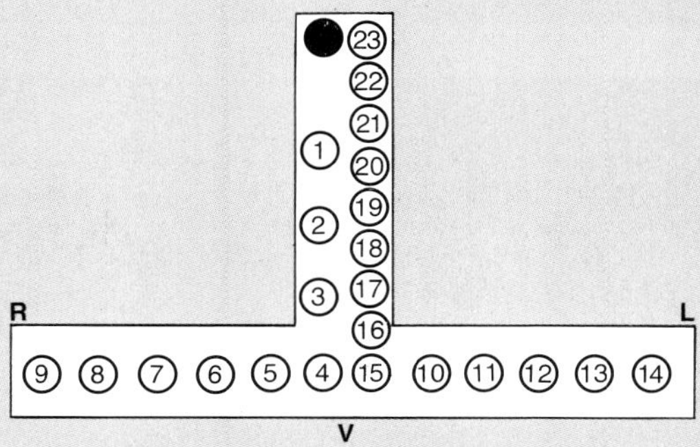
23
22
21
1
20
19
2
18
17
3
R
L
16
9 8 7 6 5 4 15 10 11 12 13 14
V

1
2
3
4
5
6
7
8
9
10
11
12

	Körper- und Beinbewegungen	Stellungen	Handtechniken
13	Treten Sie mit dem linken Fuß einen **Yop-chagi** und setzen Sie ihn dann ab in Richtung ›L‹.	**Orun-dwitkubi**	**Sonnal-arae-makki**
14	Schieben Sie den linken Fuß etwas vor in Richtung ›L‹.	**Oen-apkubi**	**Momtong-baro-jirugi**
15	Drehen Sie sich auf dem Ballen des rechten Fußes nach links und setzen Sie den linken Fuß vor in Richtung ›H‹.	**Oen-apkubi**	**Otgoro-arae-makki**
16	Die Fußstellung bleibt unverändert.	**Oen-apkubi**	**Otgoro-olgul-makki**
17	Öffnen Sie die linke Faust. Während Sie die rechte Faust zur Hüfte zurückziehen, ergreifen Sie mit der linken das Angriffswerkzeug. Führen Sie mit der rechten Hand einen Fauststoß durch, während Sie gleichzeitig die linke Hand zur Hüfte ziehen.	**Oen-apkubi**	**Olgul-baro-jirugi** (›Kihap‹)
18	Drehen Sie den Körper auf dem Ballen des linken Fußes linksherum und setzen Sie am Ende der Drehbewegung den rechten Fuß, der einen vollständigen Kreisbogen beschrieben hat, stampfend in Richtung ›V‹ ab. Ihr Blick geht ebenfalls in Richtung ›V‹.	**Juchum-sogi**	**Arae-yop-makki** (→ ›V‹)
19	Drehen Sie sich nach links, ohne den rechten Fuß zu versetzen, und schieben Sie den linken Fuß etwas vor in Richtung ›H‹.	**Oen-apkubi**	**Oen-han-sonnal-olgul-bakkat-chigi**
20	Drehen Sie sich auf dem Ballen des linken Fußes nach links und treten Sie einen **Pyojok-chagi** in Richtung ›R‹. Dann setzen Sie den rechten Fuß ab in Richtung ›H‹.	**Juchum-sogi** (→ ›R‹)	**Orun-palgup-pyojok-chigi** (→ ›R‹)
21	Führen Sie **Mikurumbal** aus in Richtung ›H‹.	**Juchum-sogi**	**Oesantul-makki**
22	Führen Sie **Mikurumbal** aus in Richtung ›H‹.	**Orun-dwitkubi**	**Sonnal-momtong-makki** (→ ›V‹)
23	Schieben Sie den linken Fuß etwas vor in Richtung ›V‹.	**Oen-apkubi**	**Momtong-baro-jirugi** (›Kihap‹)
Guman	Ziehen Sie den linken Fuß an den rechten heran, während Sie in Richtung ›V‹ blicken.	**Naranhi-sogi**	**Gibon-junbi**

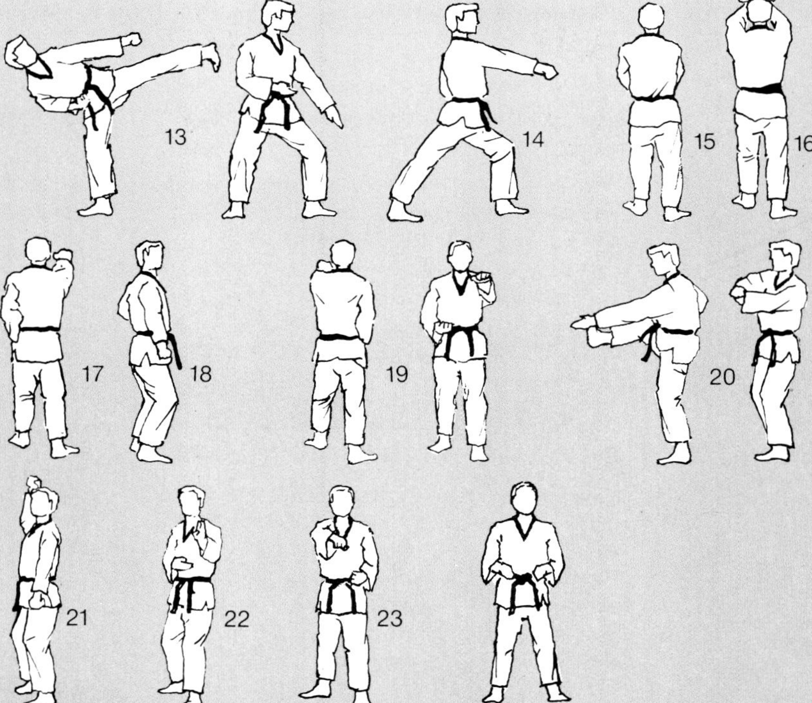
13
14
15
16
17
18
19
20
21
22
23

	Körper- und Beinbewegungen	Stellungen	Handtechniken
Junbi	Blicken Sie in Richtung ›V‹ und stellen Sie den linken Fuß zur Seite.	**Naranhi-sogi**	**Gibon-junbi**
1	Drehen Sie sich nach links und setzen Sie den linken Fuß vor in Richtung ›L1‹.	**Oen-apkubi**	**Arae-makki**
2	Drehen Sie den Körper wieder nach rechts und ziehen Sie den linken Fuß etwas an den rechten heran. Gleichzeitig beschreiben Sie mit dem gestreckten linken Arm direkt vor dem Körper einen großen Kreisbogen nach außen bis in Schulterhöhe.	**Oen-sogi**	**Mejumok-naeryo-chigi** (→ ›L1‹)
3	Setzen Sie den rechten Fuß einen Schritt vor in Richtung ›L1‹.	**Orun-apkubi**	**Momtong-bandae-chirugi**
4	Drehen Sie sich auf dem Ballen des linken Fußes um 180° nach rechts und setzen Sie den rechten Fuß vor in Richtung ›R1‹.	**Orun-apkubi**	**Arae-makki**
5	Drehen Sie den Körper wieder etwas nach links und ziehen Sie den rechten Fuß etwas an den linken heran. Gleichzeitig beschreiben Sie mit dem gestreckten rechten Arm dicht vor dem Körper einen großen Kreisbogen nach außen bis in Schulterhöhe.	**Orun-sogi**	**Mejumok-naeryo-chigi** (→ ›R1‹)
6	Setzen Sie den linken Fuß einen Schritt vor in Richtung ›R1‹.	**Oen-apkubi**	**Momtong-bandae-jirugi**
7	Drehen Sie sich auf dem Ballen des rechten Fußes nach links und setzen Sie den linken Fuß vor in Richtung ›V‹.	**Orun dwitkubi**	**Sonnal-momtong-makki**
8	Setzen Sie den rechten Fuß einen Schritt vor in Richtung ›V‹.	**Orun-apkubi**	**Pyonsonkut-sewo-chirugi**

Fortsetzung auf der nächsten Seite

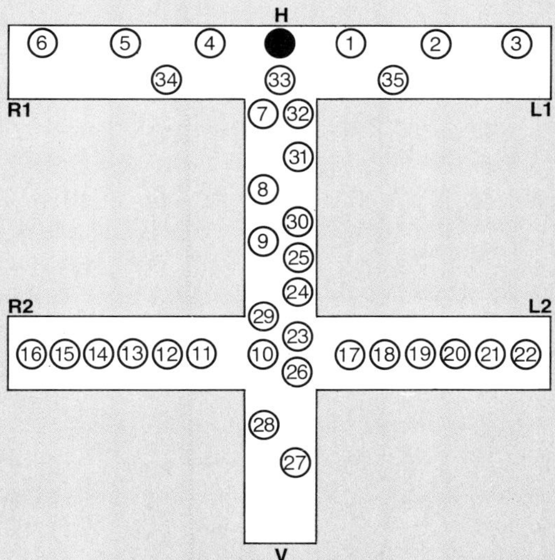

H
6
5
4
1
2
3
34
33
35
R1
L1
7
32
31
8
30
9
25
24
R2
L2
29
23
16
15
14
13
12
11
10
17
18
19
20
21
22
26
28
27
V

1
2
3
4
5
6
7
8

	Körper- und Beinbewegungen	Stellungen	Handtechniken
9	Drehen Sie den Körper nach links, wobei Sie den Schwerpunkt nach vorne verlagern. Nun drehen Sie sich auf dem rechten Fuß um 360° linksherum, bis Sie den linken Fuß in Richtung ›V‹ setzen können.	**Orun-dwitkubi**	**Oen-dungjumok-bakkat-chigi**
10	Setzen Sie den rechten Fuß einen Schritt vor in Richtung ›V‹.	**Orun-apkubi**	**Olgul-bandae-jirugi** (›Kihap‹)
11	Drehen Sie sich auf dem Ballen des rechten Fußes linksherum und setzen Sie den linken Fuß ab in Richtung ›R 2‹.	**Orun-dwitkubi**	**Oen-han-sonnal-yop-chigi**
12	Drehen Sie den Körper etwas nach rechts und setzen Sie den linken Fuß etwas vor in Richtung ›H‹. Sie blicken aber weiterhin in Richtung ›R 2‹. (Schneller Bewegungsablauf!)	**Oen-mojuchum-sogi**	**Sonmok-paegi**
13	Drehen Sie sich schnell nach links und setzen Sie den linken Fuß wieder vor in Richtung ›R 2‹.	**Juchum-sogi**	**Palgup-yop-chigi** (→ ›R 2‹)
14	Drehen Sie den Körper noch etwas mehr nach links und schieben Sie den linken Fuß vor in Richtung ›R 2‹.	**Oen-apkubi**	**Momtong-bakkat-makki**
15	Die Fußstellung bleibt unverändert.	**Oen-apkubi**	**Momtong-baro-jirugi**
16	Drehen Sie sich auf dem rechten Fuß um 180° nach rechts in Richtung ›H‹.	**Juchum-sogi**	**Oen-jagun-dolchogwi** (Blick → ›L 2‹)
17	Führen Sie **Modumbal** aus, indem Sie den linken Fuß an den rechten heranziehen und dann sofort den rechten Fuß in Richtung ›L 2‹ vorsetzen.	**Oen-dwitkubi**	**Orun-han-sonnal-yop-chigi**
18	Drehen Sie den Körper etwas nach links und setzen Sie den rechten Fuß leicht vor in Richtung ›H‹, während Sie weiterhin in Richtung ›L 2‹ blicken. (Schneller Bewegungsablauf!)	**Orun-mojuchum-sogi**	**Sonmok-paegi**
19	Drehen Sie den Körper nach rechts und schieben Sie den rechten Fuß wieder vor in Richtung ›L 2‹ (schnell).	**Juchum-sogi**	**Palgup-yop-chigi** (Handballen nach oben)

Fortsetzung auf der nächsten Seite

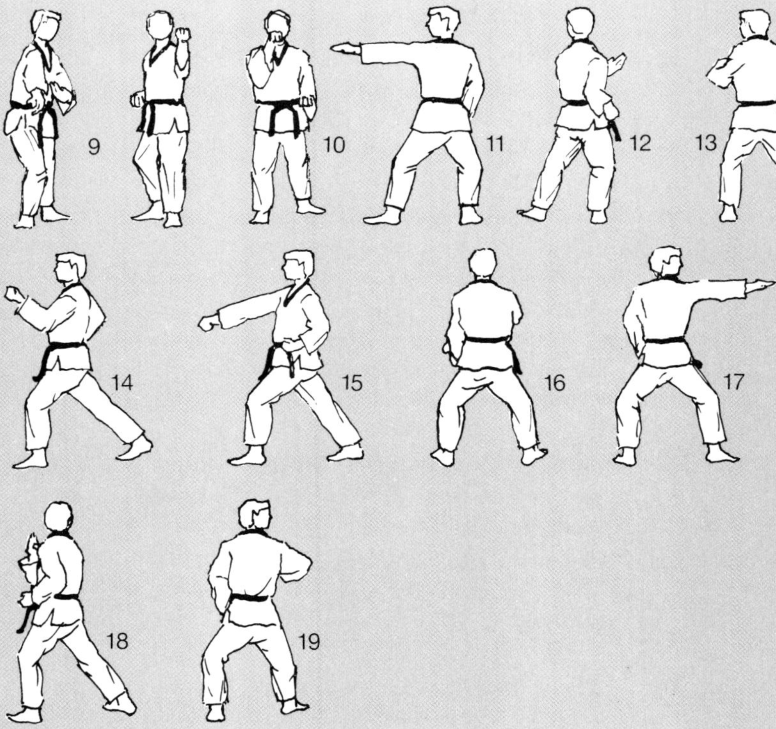
9
10
11
12
13
14
15
16
17
18
19

	Körper- und Beinbewegungen	Stellungen	Handtechniken
20	Drehen Sie den Körper noch etwas mehr nach rechts und schieben Sie den rechten Fuß vor in Richtung ›L 2‹.	**Orun-apkubi**	**Momtong-bakkat-makki**
21	Die Fußstellung bleibt unverändert.	**Orun-apkubi**	**Momtong-baro-jirugi**
22	Drehen Sie sich auf dem linken Fuß nach links und ziehen Sie dabei den rechten Fuß etwas an den linken heran.	**Juchum sogi**	**Orun-jagun-dolchogwi** (→ ›H‹)
23	Führen Sie **Modumbal** aus, indem Sie den rechten Fuß an den linken heranziehen. Den linken Fuß ziehen Sie dann schnell zum rechten Knie hoch, wobei Sie sich nach rechts drehen.	**Orun-hakdari-sogi**	**Orun-jagun-dolchogwi** (mit den Augen → ›H‹, der Körper ist ›L‹ zugewendet)
24	Treten Sie mit dem linken Fuß einen **Yop-chagi** in Richtung ›H‹ und setzen Sie ihn dann ab in Richtung ›H‹.	**Oen-apkubi**	**Palgup-pyojok-chigi**
25	Drehen Sie sich auf dem rechten Fuß nach rechts und ziehen Sie den linken Fuß etwas an den rechten heran.	**Juchum-sogi**	**Oen-jagun-dolchogwi** (Augen → ›V‹, Körper → ›L‹)
26	Führen Sie **Modumbal** aus, indem Sie den linken Fuß an den rechten heranziehen und den rechten dann sofort zum linken Knie hochziehen.	**Oen-hakdari-sogi**	**Oen-jagun-dolchogwi**
27	Treten Sie mit dem rechten Fuß einen **Yop-chagi** in Richtung ›V‹ und setzen Sie ihn dann in dieser Richtung ab.	**Orun-apkubi**	**Palgup-pyojok-chigi**
28	Drehen Sie sich auf dem rechten Fuß linksherum in Richtung ›H‹. Ziehen Sie beide Fäuste (Faustrücken nach oben) zurück an die Hüfte, ohne die Füße zu bewegen.	**Oen-apkubi** **Oen-apkubi**	**Momtong-hechyo-makki** **Du-jumok-jechyo-jirugi**
	Führen Sie die folgenden Bewegungen schnell aus!		
29	Setzen Sie den rechten Fuß einen Schritt vor in Richtung ›H‹. Ziehen Sie daraufhin beide Fäuste zurück an die Hüfte, ohne die Füße zu versetzen.	**Orun-apkubi** **Orun-apkubi**	**Momtong-hechyo-makki** **Du-jumok-jechyo-jirugi**

Fortsetzung auf der nächsten Seite

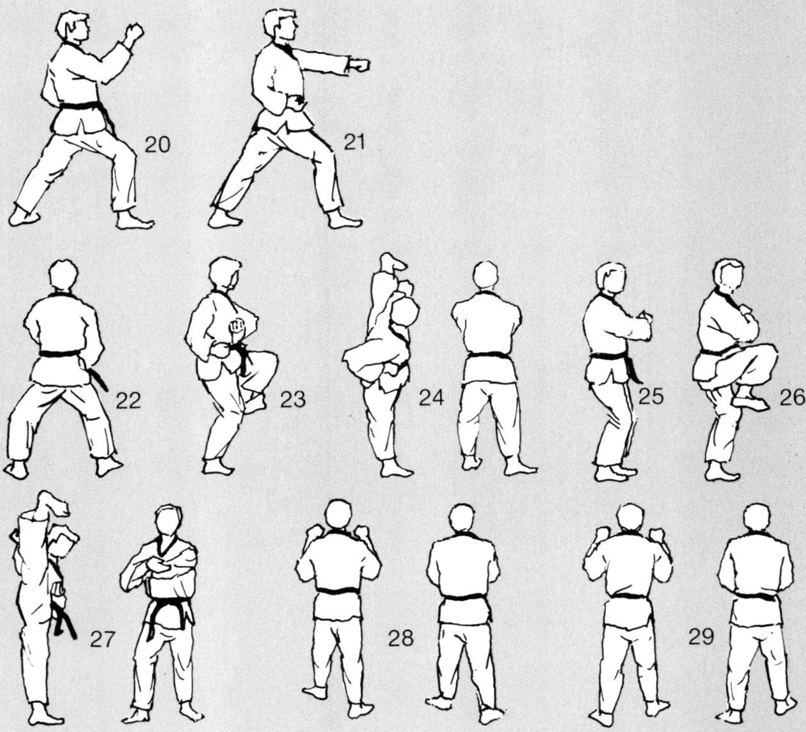
20
21
22
23
24
25
26
27
28
29

	Körper- und Beinbewegungen	Stellungen	Handtechniken
30	Setzen Sie den linken Fuß einen Schritt vor in Richtung ›H‹.	**Orun-dwitkubi**	**Han-sonnal-momtong-makki**
31	Drehen Sie die linke Hand (mit einer Greifbewegung) und ziehen Sie sie zur linken Hüfte, während Sie sich rechtsherum drehen und den rechten Fuß in Richtung ›H‹ vorsetzen.	**Juchum-sogi**	**Orun-palgup-dwi-chigi** (Augen → ›L‹, Körper → ›R‹)
32	Drehen Sie sich auf dem rechten Fuß nach links in Richtung ›V‹ und führen Sie dabei **Modumbal** mit dem linken Fuß aus.	**Moa-sogi** (ziemlich langsam)	**Gyopson**
	Die Bewegungen 33, 34 und 35 müssen in schneller Folge ausgeführt werden:		
33	Nun setzen Sie plötzlich den linken Fuß in Richtung ›L1‹ zur Seite, wobei Sie den Körper tiefersetzen.	**Juchum-sogi**	**Monge-paegi**
34	Versetzen Sie den Standort durch **Mikurumbal** etwas in Richtung ›R1‹.	**Juchum-sogi**	**Orun-dwi-jirugi**
35	Daraufhin versetzen Sie Ihren Standort durch **Mikurumbal** in Richtung ›L1‹.	**Juchum-sogi**	**Oen-dwi-jirugi** (›Kihap‹)
Guman	Ziehen Sie den linken Fuß an den rechten heran und blicken Sie in Richtung ›V‹.	**Naranhi-sogi**	**Gibon-junbi**

30

31

32

33

34

35

	Körper- und Beinbewegungen	Stellungen	Handtechniken
Junbi	Blicken Sie in Richtung ›V‹ und stellen Sie den linken Fuß zur Seite.	**Naranhi-sogi**	**Gibon-junbi**
1	Drehen Sie den Körper nach links und setzen Sie den linken Fuß in Richtung ›L1‹.	**Oen-apsogi**	**Arae-makki**
2	Setzen Sie den rechten Fuß einen Schritt vor in Richtung ›L1‹.	**Orun-apsogi**	**Momtong-bandae-jirugi**
3	Drehen Sie den Körper auf dem Ballen des linken Fußes um 180° rechtsherum, bis der rechte Fuß in Richtung ›R1‹ gesetzt werden kann.	**Orun-apsogi**	**Arae-makki**
4	Setzen Sie den linken Fuß einen Schritt vor in Richtung ›R1‹.	**Oen-apsogi**	**Momtong-bandae-jirugi**
5	Drehen Sie den Körper auf dem Ballen des rechten Fußes nach links und setzen Sie den linken Fuß einen Schritt vor in Richtung ›V‹.	**Oen-apkubi**	**Arae-makki**
6	Körper- und Fußstellung bleibt unverändert.	**Oen-apkubi**	**Momtong-baro-jirugi**
7	Setzen Sie den rechten Fuß einen Schritt in Richtung ›R 2‹, während der linke Fuß stehen bleibt.	**Orun-apsogi**	**Momtong-an-makki**
8	Setzen Sie den linken Fuß einen Schritt vor in Richtung ›R 2‹.	**Oen-apsogi**	**Momtong-baro-jirugi**
9	Drehen Sie sich auf dem Ballen des rechten Fußes um 180°, bis der linke Fuß in Richtung ›L 2‹ gesetzt werden kann.	**Oen-apsogi**	**Momtong-an-makki**
10	Setzen Sie den rechten Fuß einen Schritt vor in Richtung ›L 2‹.	**Orun-apsogi**	**Momtong-baro-jirugi**

Fortsetzung auf der nächsten Seite

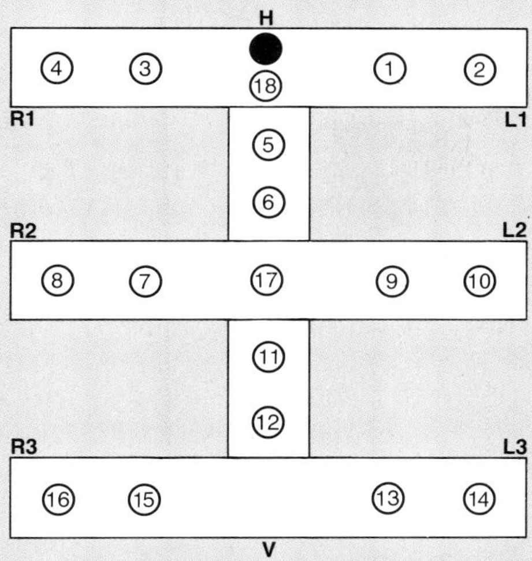
H
4
3
18
1
2
R1
L1
5
6
R2
L2
8
7
17
9
10
11
12
R3
L3
16
15
13
14
V

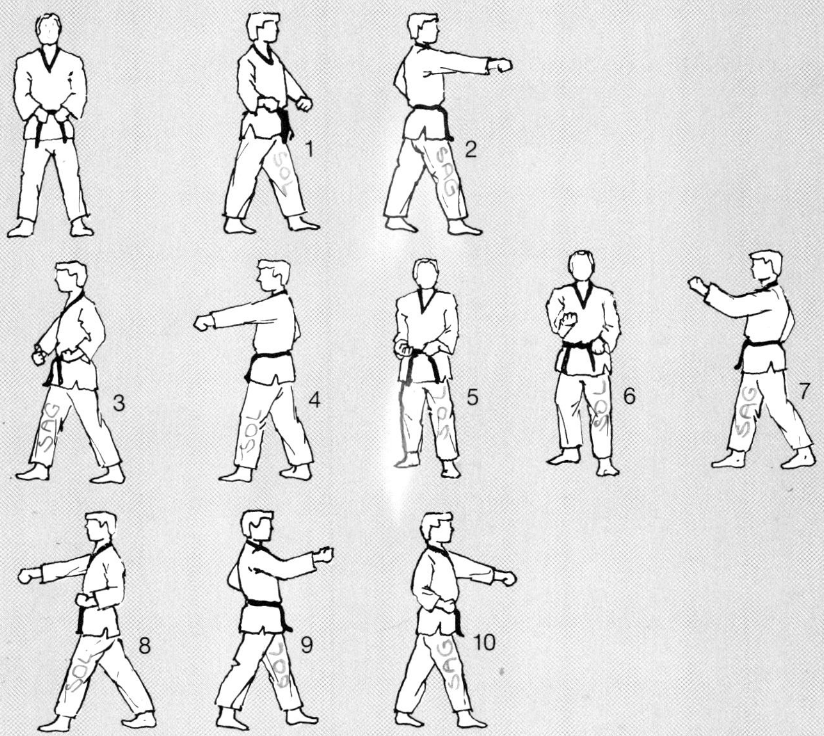
1
2
3
4
5
6
7
8
9
10

	Körper- und Beinbewegungen	Stellungen	Handtechniken
11	Drehen Sie sich auf dem Ballen des linken Fußes nach rechts und setzen Sie den rechten Fuß einen Schritt vor in Richtung ›V‹.	**Orun-apkubi**	**Arae-makki**
12	Körper- und Fußstellung bleibt unverändert.	**Orun-apkubi**	**Momtong-baro-jirugi**
13	Drehen Sie sich auf dem rechten Fuß nach links und setzen Sie den linken Fuß vor in Richtung ›L 3‹.	**Oen-apsogi**	**Olgul-makki**
14	Treten Sie einen **Apchagi** mit dem rechten Fuß und setzen Sie ihn dann ab in Richtung ›L 3‹.	**Orun-apsogi**	**Momtong-bandae-jirugi**
15	Drehen Sie sich auf dem linken Fuß um 180° rechtsherum und machen Sie einen Schritt in Richtung ›R 3‹.	**Orun-apsogi**	**Olgul-makki**
16	Treten Sie mit dem linken Fuß einen **Apchagi** und setzen Sie ihn dann ab in Richtung ›R 3‹.	**Oen-apsogi**	**Momtong-bandae-jirugi**
17	Benutzen Sie den rechten Fuß als Drehpunkt, um den Körper nach rechts zu drehen, und setzen Sie den linken Fuß einen Schritt vor in Richtung ›H‹.	**Oen-apkubi**	**Arae-makki**
18	Setzen Sie den rechten Fuß einen Schritt vor in Richtung ›H‹.	**Orun-apkubi**	**Momtong-bandae-jirugi** (›Kihap‹)
Guman	Machen Sie auf dem Ballen des rechten Fußes eine ganze Drehung linksherum, bis Sie in Richtung ›V‹ blicken.	**Naranhi-sogi**	**Gibon-junbi**

11

12

13

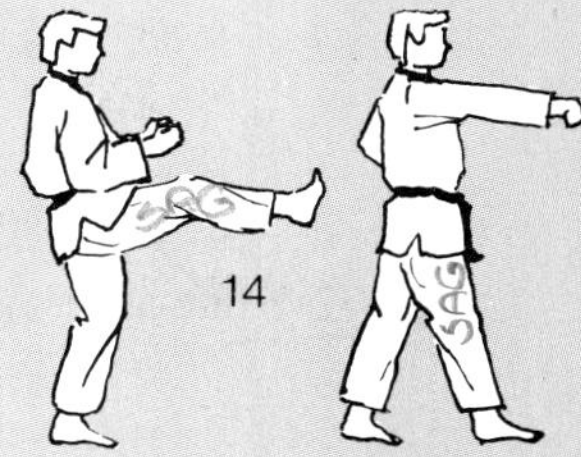
14

15

16

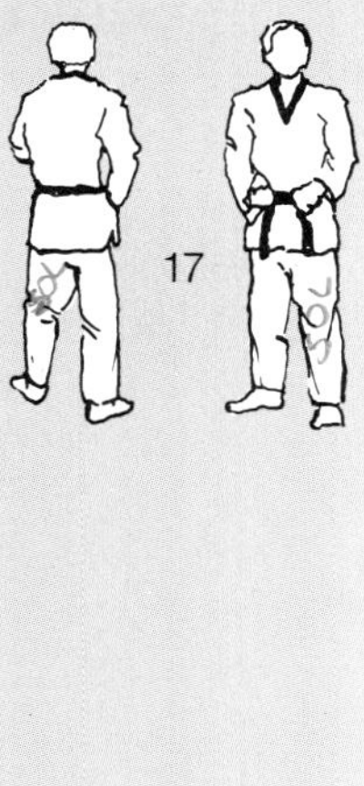
17

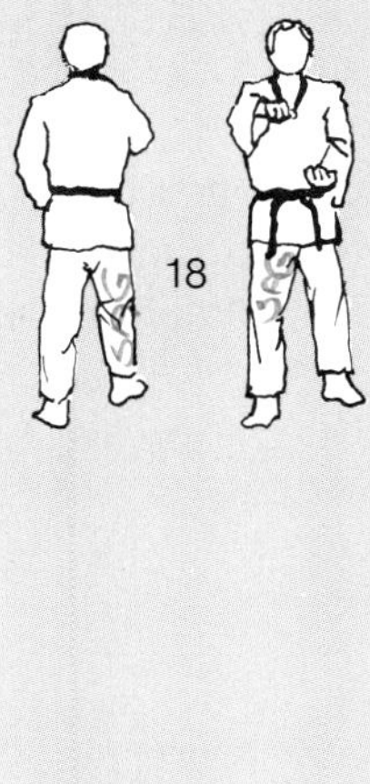
18

Taeguk 2 Jang

	Körper- und Beinbewegungen	Stellungen	Handtechniken
Junbi	Blicken Sie in Richtung ›V‹ und setzen Sie den linken Fuß zur Seite.	**Naranhi-sogi**	**Gibon-junbi**
1	Drehen Sie den Körper nach links und setzen Sie den linken Fuß vor in Richtung ›L1‹.	**Oen-apsogi**	**Arae-makki**
2	Setzen Sie den rechten Fuß einen Schritt vor in Richtung ›L1‹.	**Orun-apkubi**	**Momtong-bandae-jirugi**
3	Drehen Sie sich auf dem Ballen des linken Fußes rechtsherum, bis Sie den rechten Fuß in Richtung ›R1‹ vorsetzen können.	**Orun-apsogi**	**Arae-makki**
4	Setzen Sie den linken Fuß einen Schritt vor in Richtung ›R1‹.	**Oen-apkubi**	**Momtong-bandae-jirugi**
5	Drehen Sie den Körper auf dem Ballen des rechten Fußes nach links und machen Sie einen Schritt in Richtung ›V‹.	**Oen-apsogi**	**Momtong-an-makki**
6	Setzen Sie den rechten Fuß einen Schritt vor in Richtung ›V‹.	**Orun-apsogi**	**Momtong-an-makki**
7	Drehen Sie sich auf dem Ballen des rechten Fußes nach links und setzen Sie den linken Fuß einen Schritt vor in Richtung ›L 2‹.	**Oen-apsogi**	**Arae-makki**
8	Treten Sie mit dem rechten Fuß einen **Apchagi** und setzen Sie ihn dann ab in Richtung ›L 2‹.	**Orun-apkubi**	**Olgul-bandae-jirugi**
9	Drehen Sie sich auf dem Ballen des linken Fußes nach rechts, bis Sie den rechten Fuß in Richtung ›R 2‹ setzen können.	**Orun-apsogi**	**Arae-makki**

Fortsetzung auf der nächsten Seite

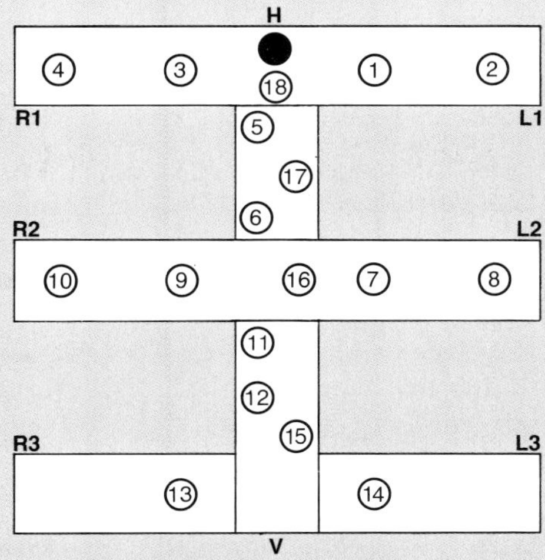
H
4
3
1
2
18
R1
L1
5
17
6
R2
L2
10
9
16
7
8
11
12
15
R3
L3
13
14
V

1
2
3
4
5
6
7
8
9

	Körper- und Beinbewegungen	Stellungen	Handtechniken
10	Treten Sie mit dem linken Fuß einen **Apchagi** und setzen Sie ihn dann ab in Richtung ›R 2‹.	**Oen-apkubi**	**Olgul-bandae-jirugi**
11	Drehen Sie den Körper auf dem Ballen des rechten Fußes nach links und setzen Sie den linken Fuß einen Schritt vor in Richtung ›V‹.	**Oen-apsogi**	**Olgul-makki**
12	Setzen Sie den rechten Fuß einen Schritt vor in Richtung ›V‹.	**Orun-apsogi**	**Olgul-makki**
13	Drehen Sie sich auf dem Ballen des rechten Fußes nach links und setzen Sie den linken Fuß einen Schritt vor in Richtung ›R 3‹.	**Oen-apsogi**	**Momtong-an-makki**
14	Drehen Sie sich auf dem Ballen des linken Fußes um 180° nach rechts und setzen Sie den rechten Fuß in Richtung ›L 3‹ vor.	**Orun-apsogi**	**Momtong-an-makki**
15	Drehen Sie sich nach links und setzen Sie den linken Fuß in Richtung ›H‹ vor, ohne dabei den rechten Fuß zu versetzen.	**Oen-apsogi**	**Arae-makki**
16	Treten Sie mit dem rechten Fuß einen **Apchagi** und setzen Sie ihn ab in Richtung ›H‹.	**Orun-apsogi**	**Momtong-bandae-jirugi**
17	Treten Sie mit dem linken Fuß einen **Apchagi** und setzen Sie ihn dann ab in Richtung ›H‹.	**Oen-apsogi**	**Momtong-bandae-jirugi**
18	Treten Sie erneut mit dem rechten Fuß einen **Apchagi** und setzen Sie ihn ab in Richtung ›H‹.	**Orun-apsogi**	**Momtong-bandae-jirugi** (›Kihap‹)
Guman	Drehen Sie sich auf dem Ballen des rechten Fußes linksherum, bis Sie in Richtung ›V‹ blicken.	**Naranhi-sogi**	**Gibon-junbi**

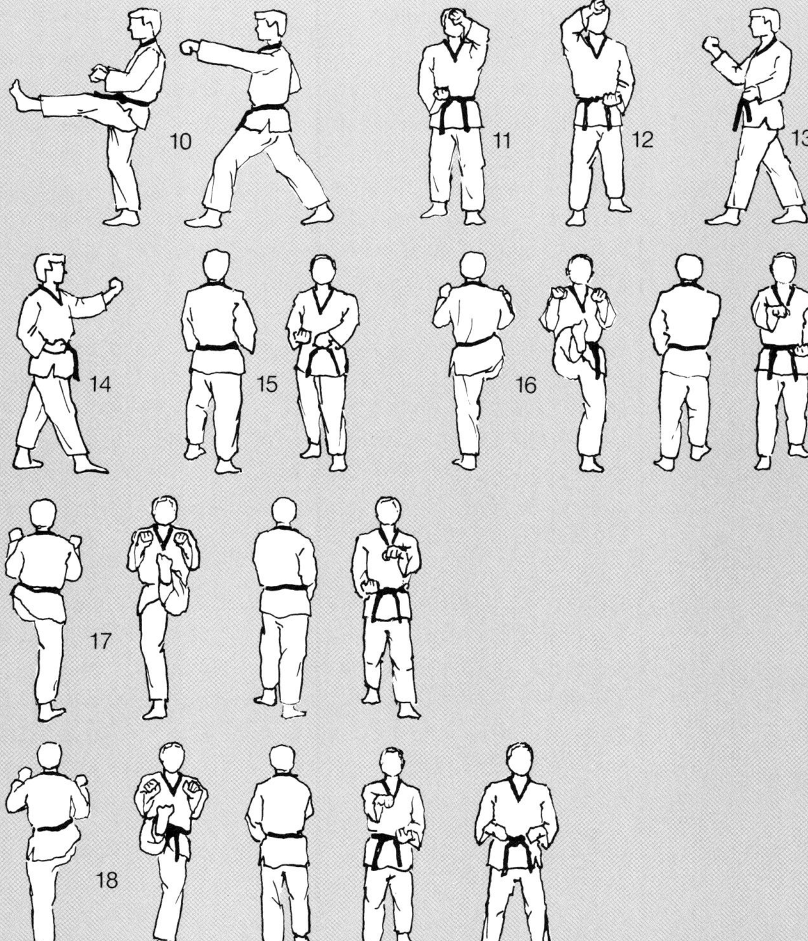
10
11
12
13
14
15
16
17
18

	Körper- und Beinbewegungen	Stellungen	Handtechniken
Junbi	Blicken Sie in Richtung ›V‹ und stellen Sie den linken Fuß zur Seite.	**Naranhi-sogi**	**Gibon-junbi**
1	Drehen Sie den Körper nach links und setzen Sie den linken Fuß einen Schritt vor in Richtung ›L1‹.	**Oen-apsogi**	**Arae-makki**
2	Treten Sie mit dem rechten Fuß einen **Apchagi** und setzen Sie ihn ab in Richtung ›L1‹.	**Orun-apkubi**	**Momtong-dubon-jirugi** (rechts-links)
3	Drehen Sie den Körper auf dem Ballen des linken Fußes um 180° rechtsherum und setzen Sie den rechten Fuß vor in Richtung ›R1‹.	**Orun-apsogi**	**Arae-makki**
4	Treten Sie mit dem linken Fuß einen **Apchagi** und setzen Sie ihn dann ab in Richtung ›R1‹.	**Oen-apkubi**	**Momtong-dubon-jirugi** (links-rechts)
5	Drehen Sie den Körper auf dem Ballen des rechten Fußes nach links und setzen Sie den linken Fuß einen Schritt vor in Richtung ›V‹.	**Oen-apsogi**	**Orun-sonnal-anchigi (Orun-sonnal-mokchigi)**
6	Setzen Sie den rechten Fuß einen Schritt vor in Richtung ›V‹.	**Orun-apsogi**	**Oen-sonnal-anchigi (Oen-sonnal-mokchigi)**
7	Setzen Sie den linken Fuß einen Schritt vor in Richtung ›L 2‹, ohne den rechten Fuß zu versetzen.	**Orun-dwitkubi**	**Oen-han-sonnal-momtong-yop-makki**
8	Schieben Sie den linken Fuß etwas in Richtung ›L 2‹ vor, ohne den rechten Fuß zu versetzen.	**Oen-apkubi**	**Momtong-baro-jirugi**
9	Lassen Sie den linken Fuß stehen und drehen Sie den Körper um 180° rechtsherum in Richtung ›R 2‹.	**Oen-dwitkubi**	**Orun-han-sonnal-momtong-yop-makki**
10	Schieben Sie den rechten Fuß etwas vor in Richtung ›R 2‹.	**Orun-apkubi**	**Momtong-baro-jirugi**

Fortsetzung auf der nächsten Seite

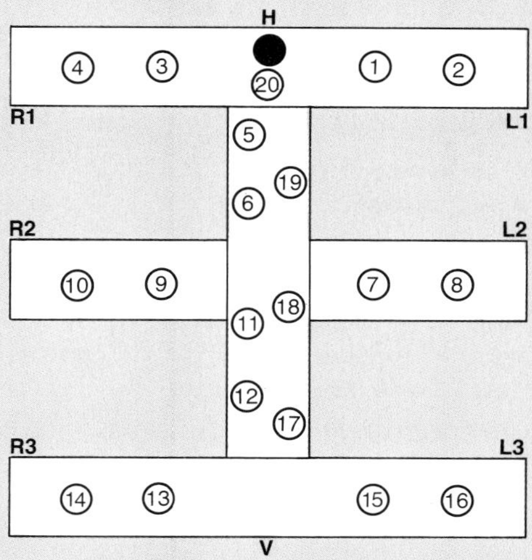
H
4
3
20
1
2
R1
L1
5
19
6
R2
L2
10
9
7
8
11
18
12
17
R3
L3
14
13
15
16
V

1
2
3
4
5
6
7
8
9
10

	Körper- und Beinbewegungen	Stellungen	Handtechniken
11	Setzen Sie den linken Fuß vor in Richtung ›V‹, ohne den rechten Fuß zu versetzen.	**Oen-apsogi**	**Momtong-an-makki**
12	Setzen Sie den rechten Fuß einen Schritt vor in Richtung ›V‹.	**Orun-apsogi**	**Momtong-an-makki**
13	Drehen Sie den Körper auf dem Ballen des rechten Fußes nach links und setzen Sie den linken Fuß vor in Richtung ›R 3‹.	**Oen-apsogi**	**Arae-makki**
14	Treten Sie mit dem rechten Fuß einen **Apchagi** und setzen Sie ihn dann ab in Richtung ›R 3‹.	**Orun-apkubi**	**Momtong-dubon-jirugi** (rechts-links)
15	Drehen Sie sich auf dem Ballen des linken Fußes um 180° rechtsherum und setzen Sie den rechten Fuß vor in Richtung ›L 3‹.	**Orun-apsogi**	**Arae-makki**
16	Treten Sie mit dem linken Fuß einen **Apchagi** und setzen Sie ihn dann ab in Richtung ›L 3‹.	**Oen-apkubi**	**Momtong-dubon-jirugi** (links-rechts)
17	Drehen Sie sich auf dem Ballen des rechten Fußes nach links und setzen Sie den linken Fuß einen Schritt vor in Richtung ›H‹.	**Oen-apsogi**	**Arae-makki** dann schnell: **Momtong-baro-jirugi**
18	Setzen Sie den rechten Fuß einen Schritt vor in Richtung ›H‹.	**Orun-apsogi**	**Arae-makki** dann schnell: **Momtong-baro-jirugi**
19	Treten Sie mit dem linken Fuß einen **Apchagi** und setzen Sie ihn ab in Richtung ›H‹.	**Oen-apsogi**	**Arae-makki** dann schnell: **Momtong-baro-jirugi**
20	Treten Sie mit dem rechten Fuß einen **Apchagi** und setzen Sie ihn dann ab in Richtung ›H‹.	**Orun-apsogi**	**Arae-makki** dann schnell: **Momtong-baro-jirugi** (›Kihap‹)
Guman	Drehen Sie den Körper auf dem Ballen des rechten Fußes nach links, bis Sie in Richtung ›V‹ blicken.	**Naranhi-sogi**	**Gibon-junbi**

11
12
13
14
15
16
17
18
19
20

	Körper- und Beinbewegungen	Stellungen	Handtechniken
Junbi	Blicken Sie in Richtung ›V‹ und setzen Sie den linken Fuß zur Seite.	**Naranhi-sogi**	**Gibon-junbi**
1	Drehen Sie den Körper nach links und setzen Sie den linken Fuß einen Schritt vor in Richtung ›L1‹.	**Orun-dwitkubi**	**Sonnal-momtong-makki**
2	Setzen Sie den rechten Fuß einen Schritt vor in Richtung ›L1‹.	**Orun-apkubi**	**Orun-sonkut-sewo-chirugi**
3	Drehen Sie sich auf dem Ballen des linken Fußes um 180° rechtsherum und setzen Sie dann den rechten Fuß einen Schritt vor in Richtung ›R1‹.	**Oen-dwitkubi**	**Sonnal-momtong-makki**
4	Setzen Sie den linken Fuß einen Schritt vor in Richtung ›R1‹.	**Oen-apkubi**	**Oen-sonkut-sewo-chirugi**
5	Drehen Sie sich auf dem Ballen des rechten Fußes linksherum und setzen Sie den linken Fuß einen Schritt vor in Richtung ›V‹.	**Oen-apkubi**	**Jebipum-mok-chigi**
6	Treten Sie mit dem rechten Fuß einen **Apchagi** und setzen Sie ihn ab in Richtung ›V‹.	**Orun-apkubi**	**Momtong-baro-jirugi**
7	Treten Sie mit dem linken Fuß einen **Yop-chagi,** ohne den rechten Fuß zu versetzen, und setzen Sie ihn dann in Richtung ›V‹ ab.		(Führen Sie diese Bewegung so schnell wie möglich aus)
8	Treten Sie dann mit dem rechten Fuß einen **Yop-chagi,** ohne den rechten Fuß zu versetzen, und setzen Sie den rechten Fuß in Richtung ›V‹ ab.	**Oen-dwitkubi**	**Sonnal-momtong-makki**
9	Drehen Sie sich auf dem Ballen des rechten Fußes nach links, bis Sie den linken Fuß einen Schritt in Richtung ›R3‹ vorsetzen können.	**Orun-dwitkubi**	**Momtong-bakkat-makki**

Fortsetzung auf der nächsten Seite

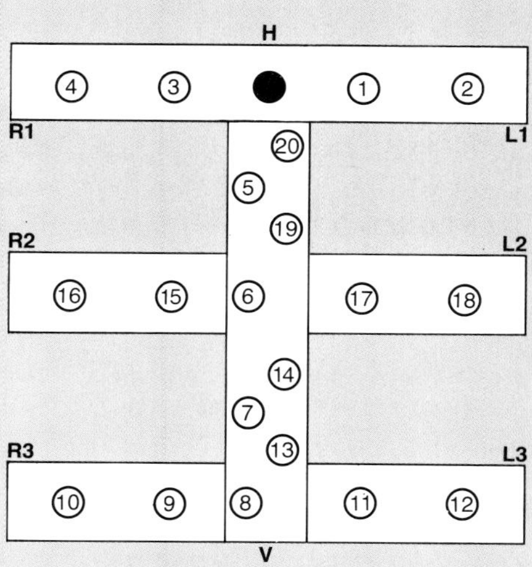
H
4
3
1
2
R1
L1
20
5
19
R2
L2
16
15
6
17
18
14
7
13
R3
L3
10
9
8
11
12
V

1
2
3
4
5
6
7
8
9

	Körper- und Beinbewegungen	Stellungen	Handtechniken
10	Während der linke Fuß stehenbleibt, treten Sie mit dem rechten einen **Apchagi** und setzen ihn dann wieder auf den ursprünglichen Platz zurück.	**Orun-dwitkubi**	**Momtong-an-makki**
11	Drehen Sie den Körper auf der Stelle um 180° rechtsherum in Richtung ›L 3‹.	**Oen-dwitkubi**	**Momtong-bakkat-makki**
12	Während der rechte Fuß stehenbleibt, treten Sie mit dem linken einen **Apchagi** und setzen ihn dann wieder auf dem ursprünglichen Platz ab.	**Oen-dwitkubi**	**Momtong-an-makki**
13	Setzen Sie den linken Fuß einen Schritt vor in Richtung ›H‹, ohne den rechten zu versetzen.	**Oen-apkubi**	**Jebipum-mok-chigi**
14	Treten Sie mit dem rechten Fuß einen **Apchagi** und setzen Sie ihn dann einen Schritt vor in Richtung ›H‹.	**Orun-apkubi**	**Orun-dungjumok-olgul-apchigi**
15	Setzen Sie den linken Fuß nach rechts in Richtung ›R 2‹, wobei der rechte Fuß stehenbleibt.	**Oen-apsogi**	**Momtong-makki**
16	Die Fußstellung bleibt unverändert.	**Oen-apsogi**	**Momtong-baro-jirugi**
17	Drehen Sie den Körper auf der Stelle um 180° rechtsherum, bis Sie in Richtung ›L 2‹ blicken.	**Orun-apsogi**	**Momtong-makki**
18	Die Fußstellung bleibt unverändert.	**Orun-apsogi**	**Momtong-baro-jirugi**
19	Setzen Sie den linken Fuß vor in Richtung ›H‹, während der rechte stehenbleibt.	**Oen-apkubi**	**Momtong-makki** dann schnell: **Momtong-dubon-jirugi** (rechts-links)
20	Setzen Sie den rechten Fuß einen Schritt vor in Richtung ›H‹.	**Orun-apkubi**	**Momtong-makki** dann schnell: **Momtong-dubon-jirugi** (links-rechts) (›Kihap‹)
Guman	Drehen Sie sich auf dem Ballen des rechten Fußes linksherum, bis Sie in Richtung ›V‹ blicken.	**Naranhi-sogi**	**Gibon-junbi**

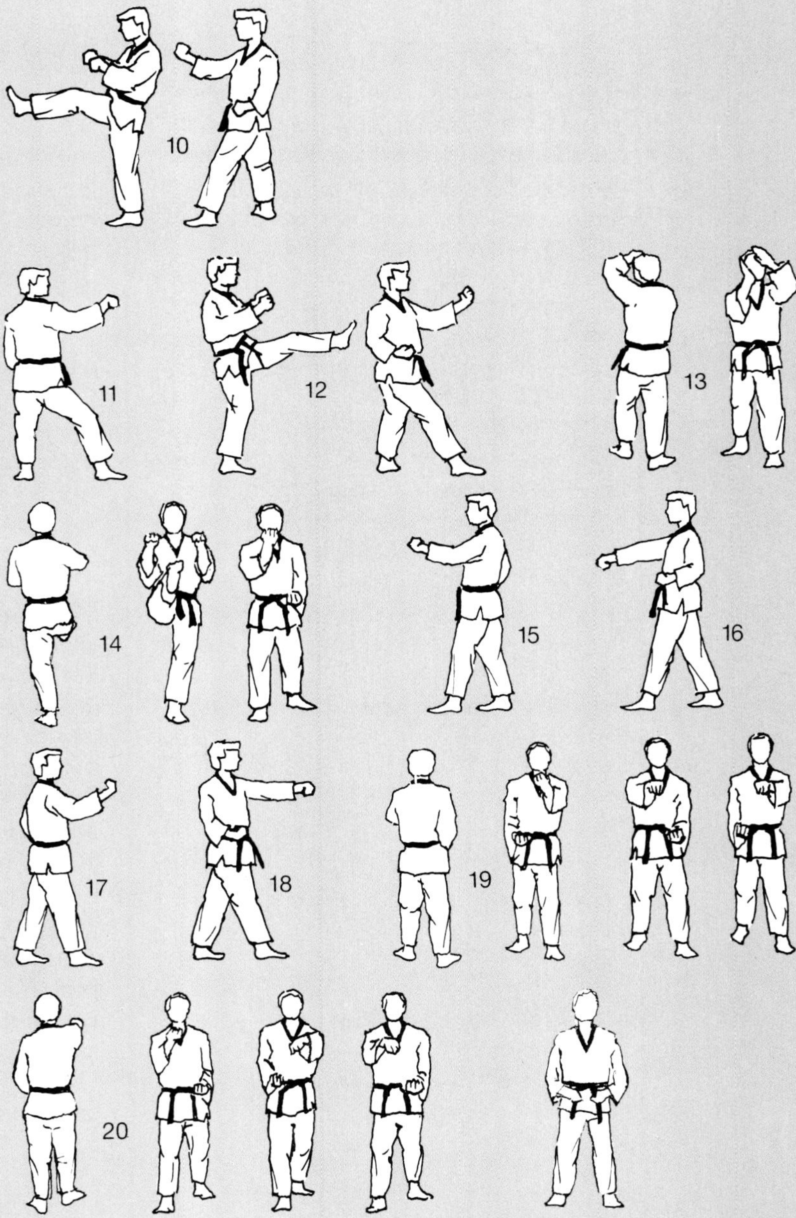
10
11
12
13
14
15
16
17
18
19
20

	Körper- und Beinbewegungen	Stellungen	Handtechniken
Junbi	Blicken Sie in Richtung ›V‹ und setzen Sie den linken Fuß einen Schritt zur Seite.	**Naranhi-sogi**	**Gibon-junbi**
1	Drehen Sie den Körper nach links und setzen Sie den linken Fuß vor in Richtung ›L1‹.	**Oen-apkubi**	**Arae-makki**
2	Richten Sie den Körper auf, während Sie den linken Fuß an den rechten heranziehen. Gleichzeitig führen Sie die linke Faust dicht vor dem Körper in einem großen Kreisbogen auswärts. Schnell!	**Oen-sogi**	**Mejumok-naeryo-chigi**
3	Drehen Sie den Körper auf dem Ballen des linken Fußes um 180° rechtsherum und setzen Sie den Fuß einen Schritt vor in Richtung ›R1‹.	**Orun-apkubi**	**Arae-makki**
4	Richten Sie den Körper auf, während Sie den rechten Fuß an den linken heranziehen. Gleichzeitig führen Sie die rechte Faust dicht vor dem Körper in einem großen Kreisbogen auswärts. Schnell!	**Orun-sogi**	**Mejumok-naeryo-chigi**
5	Setzen Sie den linken Fuß einen Schritt vor in Richtung ›V‹, ohne den rechten zu versetzen.	**Oen-apkubi**	**Momtong-makki** und dann: **Momtong-anmakki**
6	Treten Sie mit dem rechten Fuß einen **Apchagi** und setzen Sie ihn dann nach vorne ab in Richtung ›V‹.	**Orun-apkubi**	**Orun-dungjumok-olgul-apchigi** und dann: **Momtong-an-makki**
7	Treten Sie mit dem linken Fuß einen **Apchagi** und setzen Sie ihn dann ab in Richtung ›V‹.	**Oen-apkubi**	**Oen-dungjumok-olgul-apchigi** und dann: **Momtong-an-makki**
8	Setzen Sie den rechten Fuß einen Schritt vor in Richtung ›V‹.	**Orun-apkubi**	**Orun-dungjumok-olgul-apchigi**
9	Drehen Sie den Körper auf dem Ballen des rechten Fußes nach links und setzen Sie den linken Fuß einen Schritt vor in Richtung ›R3‹.	**Orun-dwitkubi**	**Oen-han-sonnal-momtong-yop-makki**
10	Schieben Sie den rechten Fuß einen Schritt vor in Richtung ›R3‹.	**Orun-apkubi**	**Orun-palgup-momtong-chigi**

Fortsetzung auf der nächsten Seite

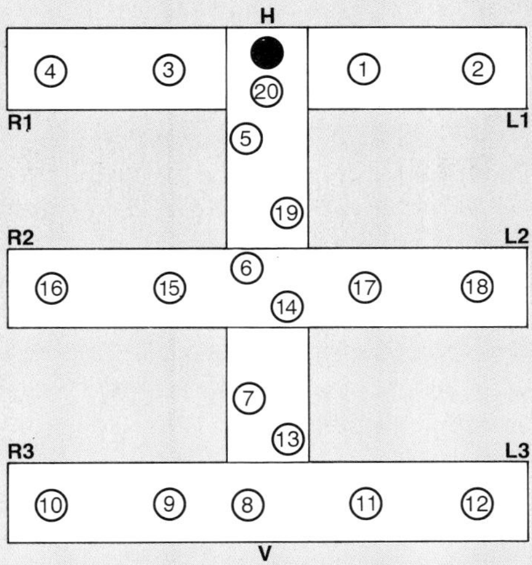
H
R1
L1
R2
L2
R3
L3
V
1
2
3
4
5
6
7
8
9
10
11
12
13
14
15
16
17
18
19
20

1
2
3
4
5
6
7
8
9
10

	Körper- und Beinbewegungen	Stellungen	Handtechniken
11	Drehen Sie den Körper auf dem linken Fuß um 180° rechtsherum und setzen Sie den rechten Fuß vor in Richtung ›L 3‹.	**Oen-dwitkubi**	**Orun-han-sonnal-momtong-yop-makki**
12	Schieben Sie den linken Fuß einen Schritt vor in Richtung ›L 3‹.	**Oen-apkubi**	**Oen-palgup-momtong-chigi**
13	Drehen Sie sich auf dem Ballen des rechten Fußes nach links und setzen Sie den linken Fuß einen Schritt vor in Richtung ›H‹.	**Oen-apkubi**	**Arae-makki** und dann: **Momtong-an-makki**
14	Treten Sie mit dem rechten Fuß einen **Apchagi** und setzen Sie ihn dann ab in Richtung ›H‹.	**Orun-apkubi**	**Arae-makki** und dann: **Momtong-an-makki**
15	Setzen Sie den linken Fuß vor in Richtung ›R 2‹, ohne den rechten zu versetzen.	**Oen-apkubi**	**Olgul-makki**
16	Treten Sie mit dem rechten Fuß einen **Yop-chagi** und setzen Sie ihn ab in Richtung ›R 2‹.	**Orun-apkubi**	**Oen-palgup-momtong-pyojok-chigi**
17	Drehen Sie sich auf dem Ballen des linken Fußes um 180° rechtsherum und setzen Sie den rechten Fuß vor in Richtung ›L 2‹.	**Orun-apkubi**	**Olgul-makki**
18	Treten Sie mit dem linken Fuß einen **Yop-chagi** und setzen Sie ihn dann ab in Richtung ›L 2‹.	**Oen-apkubi**	**Orun-palgup-momtong-pyojok-chigi**
19	Drehen Sie sich auf dem Ballen des rechten Fußes nach links und setzen Sie den linken Fuß vor in Richtung ›H‹.	**Oen-apkubi**	**Arae-makki** dann schnell: **Momtong-an-makki**
20	Treten Sie mit dem rechten Fuß einen **Apchagi** und setzen Sie ihn dann nach einem gesprungenen Schritt in Richtung ›H‹ nach vorne ab.	**Dwi-kkoa-sogi**	**Orun-dungjumok-olgul-apchigi** (schnell) (›Kihap‹)
Guman	Drehen Sie sich auf dem Ballen des rechten Fußes linksherum, bis Sie in Richtung ›V‹ blicken.	**Naranhi-sogi**	**Gibon-junbi**

11
12
13
14
15
16
17
18
19
20

	Körper- und Beinbewegungen	Stellungen	Handtechniken
Junbi	Setzen Sie den linken Fuß einen Schritt zur Seite und blicken Sie in Richtung ›V‹.	**Naranhi-sogi**	**Gibon-junbi**
1	Drehen Sie den Körper nach links und setzen Sie den linken Fuß in die Richtung ›L1‹.	**Oen-apkubi**	**Arae-makki**
2	Treten Sie mit dem rechten Fuß einen **Apchagi** und setzen Sie ihn am ursprünglichen Platz wieder ab. Der linke Fuß wird zum **Dwitkubi** ein wenig zurückgezogen.	**Orun-dwitkubi**	**Momtong-bakkat-makki**
3	Drehen Sie sich auf dem linken Fuß um 180° nach rechts in Richtung ›R1‹.	**Orun-apkubi**	**Arae-makki**
4	Treten Sie mit dem linken Fuß einen **Apchagi** und setzen Sie ihn dann am ursprünglichen Platz wieder ab. Der rechte Fuß wird zum **Dwitkubi** ein wenig zurückgezogen.	**Oen-dwitkubi**	**Momtong-bakkat-makki**
5	Drehen Sie sich auf dem rechten Fuß nach links und setzen Sie den linken Fuß vor in Richtung ›V‹.	**Oen-apkubi**	**Han-sonnal-bituro-makki**
6	Treten Sie mit dem rechten Fuß einen **Dollyo-chagi** und setzen Sie ihn dann ab in Richtung ›V‹.		
	Setzen Sie den linken Fuß schnell einen Schritt vor in Richtung ›L 2‹.	**Oen-apkubi**	**Olgul-bakkat-makki** und dann: **Momtong-baro-jirugi**
7	Treten Sie mit dem rechten Fuß einen **Apchagi** und setzen Sie ihn dann ab in Richtung ›L 2‹.	**Orun-apkubi**	**Momtong-baro-jirugi**
8	Drehen Sie sich auf dem Ballen des linken Fußes um 180° rechtsherum und setzen Sie den rechten Fuß vor in Richtung ›R 2‹.	**Orun-apkubi**	**Olgul-bakkat-makki** und dann: **Momtong-baro-jirugi**
9	Treten Sie mit dem linken Fuß einen **Apchagi** und setzen Sie ihn dann ab in Richtung ›R 2‹.	**Oen-apkubi**	**Momtong-baro-jirugi**

Fortsetzung auf der nächsten Seite

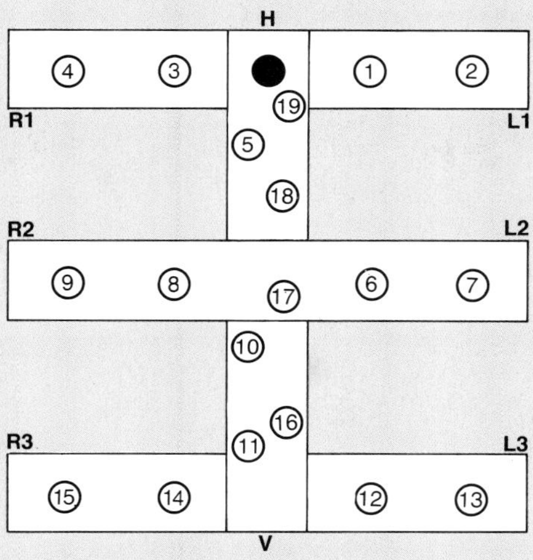
H
4
3
1
2
R1
L1
19
5
18
R2
L2
9
8
17
6
7
10
16
R3
11
L3
15
14
12
13
V

1
2
3
4
5
6
7
8
9

	Körper- und Beinbewegungen	Stellungen	Handtechniken
10	Drehen Sie den Körper auf dem Ballen des rechten Fußes nach links und blicken Sie in Richtung ›V‹.	**Naranhi-sogi**	**Arae-hechyo-makki** (langsam)
11	Setzen Sie den rechten Fuß einen Schritt vor in Richtung ›V‹.	**Orun-apkubi**	**Han-sonnal-bituro-makki**
12	Treten Sie mit dem linken Fuß einen **Dollyo-chagi** (›Kihap‹) und setzen Sie ihn ab in Richtung ›V‹. Drehen Sie sich schnell rechtsherum und setzen Sie den rechten Fuß in Richtung ›L 3‹.	 **Orun-apkubi**	 **Arae-makki**
13	Treten Sie mit dem linken Fuß einen **Apchagi** und setzen Sie ihn dann am ursprünglichen Platz wieder ab. Der rechte Fuß wird zum **Dwitkubi** ein wenig zurückgezogen.	**Oen-dwitkubi**	**Momtong-bakkat-makki**
14	Drehen Sie sich auf dem rechten Fuß um 180° nach links in Richtung ›R 3‹.	**Oen-apkubi**	**Arae-makki**
15	Treten Sie einen **Apchagi** mit dem rechten Fuß und setzen Sie ihn dann am ursprünglichen Platz wieder ab. Der linke Fuß wird zum **Dwitkubi** ein wenig zurückgezogen.	**Orun-dwitkubi**	**Momtong-bakkat-makki**
16	Drehen Sie sich auf dem linken Fuß in Richtung ›V‹, setzen Sie aber den rechten Fuß nach hinten in Richtung ›H‹.	**Orun-dwitkubi**	**Sonnal-momtong-makki**
17	Blicken Sie weiter in Richtung ›V‹, setzen Sie dabei aber den linken Fuß zurück in Richtung ›H‹.	**Oen-dwitkubi**	**Sonnal-momtong-makki**
18	Setzen Sie den rechten Fuß einen Schritt zurück in Richtung ›H‹. Die Fußstellung bleibt unverändert.	**Oen-apkubi**	**Batangson-momtong-makki** dann schnell: **Momtong-baro-jirugi**
19	Blicken Sie weiterhin in Richtung ›V‹, setzen Sie aber den linken Fuß zurück in Richtung ›H‹. Die Fußstellung bleibt unverändert.	**Orun-apkubi**	**Batangson-momtong-makki** dann schnell: **Momtong-baro-jirugi**
Guman	Ziehen Sie den rechten Fuß zurück bis auf Höhe des linken Fußes und blicken Sie in Richtung ›V‹.	**Naranhi-sogi**	**Gibon-junbi**

10
11
12
13
14
15
16
17
18
19

	Körper- und Beinbewegungen	Stellungen	Handtechniken
Junbi	Blicken Sie in Richtung ›V‹ und setzen Sie den linken Fuß einen Schritt zur Seite.	**Naranhi-sogi**	**Gibon-junbi**
1	Drehen Sie sich nach links in Richtung ›L1‹.	**Oen-bomsogi**	**Batangson-momtong-an-makki**
2	Treten Sie mit dem rechten Fuß einen **Apchagi** und setzen Sie ihn am ursprünglichen Platz ab.	**Oen-bomsogi**	**Momtong-makki**
3	Drehen Sie den Körper auf dem linken Fuß um 180° rechtsherum in Richtung ›R1‹.	**Orun-bomsogi**	**Batangson-momtong-an-makki**
4	Treten Sie mit dem linken Fuß einen **Apchagi** und setzen Sie ihn am ursprünglichen Platz ab.	**Orun-bomsogi**	**Momtong-makki**
5	Setzen Sie den linken Fuß in Richtung ›V‹ vor, ohne den rechten zu versetzen.	**Orun-dwitkubi**	**Sonnal-arae-makki**
6	Setzen Sie den rechten Fuß vor in Richtung ›V‹.	**Oen-dwitkubi**	**Sonnal-arae-makki**
7	Setzen Sie den linken Fuß vor in Richtung ›L 2‹, ohne den rechten Fuß zu versetzen.	**Oen-bomsogi**	**Goduro-batangson-momtong-an-makki**
8	Die Fußstellung bleibt unverändert.	**Oen-bomsogi**	**Orun-dungjumok-apchigi** (schnell)
9	Auf der Stelle drehen Sie sich rechtsherum in Richtung ›R 2‹.	**Orun-bomsogi**	**Goduro-batangson-momtong-an-makki**
10	Die Fußstellung bleibt unverändert.	**Orun-bomsogi**	**Oen-dungjumok-apchigi**
11	Richten Sie den Körper auf und ziehen Sie dabei den linken Fuß an den rechten heran, ohne diesen zu bewegen **(Modumbal).** Blick Richtung ›V‹.	**Moa-sogi**	**Bo-jumok** (vor dem Hals)
12	Setzen Sie den linken Fuß einen Schritt vor in Richtung ›V‹.	**Oen-apkubi**	**Dubon-gawi-makki** **1. Bandae-gawi-makki** z. B. **Orun-bakkat-palmok-arae-makki** und **Oen-an-palmok-bakkat-momtong-makki** **2. Gawi-makki** (schnell hintereinander)
13	Setzen Sie den rechten Fuß einen Schritt vor in Richtung ›V‹.	**Orun-apkubi**	**Dubon-gawi-makki** in schneller Folge

Fortsetzung auf der nächsten Seite

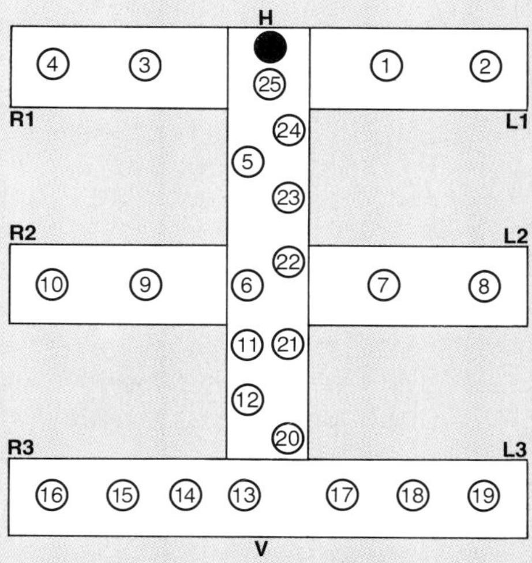
H
4
3
25
1
2
R1
L1
24
5
23
R2
L2
22
10
9
6
7
8
11
21
12
20
R3
L3
16
15
14
13
17
18
19
V

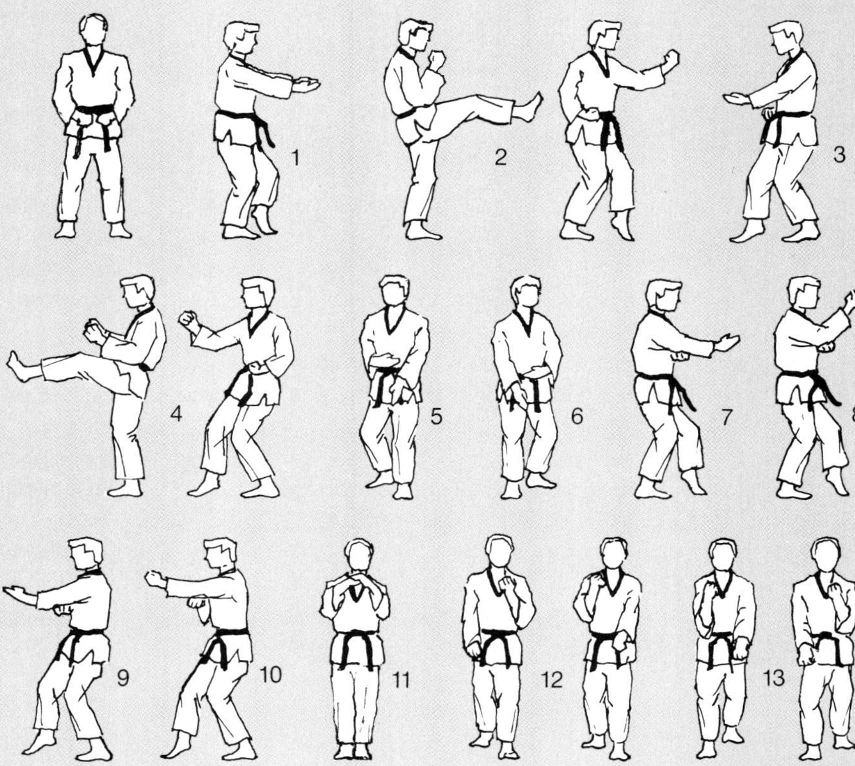
1
2
3
4
5
6
7
8
9
10
11
12
13

	Körper- und Beinbewegungen	Stellungen	Handtechniken
14	Drehen Sie sich auf dem Ballen des rechten Fußes linksherum und setzen Sie den linken Fuß vor in Richtung ›R 3‹.	**Oen-apkubi**	**Momtong-hechyo-makki**
15	Ziehen Sie das rechte Knie kräftig hoch zu einem **Murup-chigi** und springen Sie dann schnell einen Schritt vor in Richtung ›R 3‹.	**Orun-kkoa-sogi**	**Momtong-jechyo-jirugi** (schnell)
16	Lassen Sie den rechten Fuß stehen und setzen Sie nur den linken zurück, während Sie weiter in Richtung ›R 3‹ blicken.	**Orun-apkubi**	**Otgoro-arae-makki**
17	Drehen Sie sich auf dem Ballen des linken Fußes um 180° rechtsherum und setzen Sie den rechten Fuß vor in Richtung ›L 3‹.	**Orun-apkubi**	**Momtong-hechyo-makki**
18	Ziehen Sie das linke Knie kräftig hoch zu einem **Murup-chigi** und springen Sie dann schnell einen Schritt vor in Richtung ›L 3‹.	**Oen-kkoa-sogi**	**Momtong-jechyo-jirugi** (schnell)
19	Lassen Sie den linken Fuß stehen und setzen Sie nur den rechten Fuß zurück, während Sie weiterhin in Richtung ›L 3‹ blicken.	**Oen-apkubi**	**Otgoro-arae-makki**
20	Richten Sie den Körper auf und setzen Sie den linken Fuß vor in Richtung ›H‹.	**Oen-apsogi**	**Oen-dungjumok-olgul-bakkat-chigi**
21	Treten Sie mit dem rechten Fuß einen **Pyojok-chagi** gegen die ausgestreckte linke Hand und setzen Sie ihn dann ab in Richtung ›H‹.	**Juchum-sogi**	**Orun-palgup-pyojok-chigi** (→ ›H‹)
22	Lassen Sie den rechten Fuß stehen und richten Sie den Körper auf, wobei Sie den rechten Fuß heranziehen.	**Orun-apsogi**	**Orun-dungjumok-olgul-bakkat-chigi**
23	Treten Sie mit dem linken Fuß einen **Pyojok-chagi** gegen die ausgestreckte rechte Hand und setzen Sie ihn dann ab in Richtung ›H‹.	**Juchum-sogi**	**Oen-palgup-pyojok-chigi** (→ ›H‹)
24	Die Fußstellung bleibt unverändert.	**Juchum-sogi**	**Oen-han-sonnal-momtong-yop-makki**
25	Setzen Sie den rechten Fuß einen Schritt vor in Richtung ›H‹.	**Juchum-sogi**	**Orun-yop-jirugi** (›Kihap‹)
Guman	Drehen Sie sich auf dem Ballen des rechten Fußes linksherum und blicken Sie in Richtung ›V‹.	**Naranhi-sogi**	**Gibon-junbi**

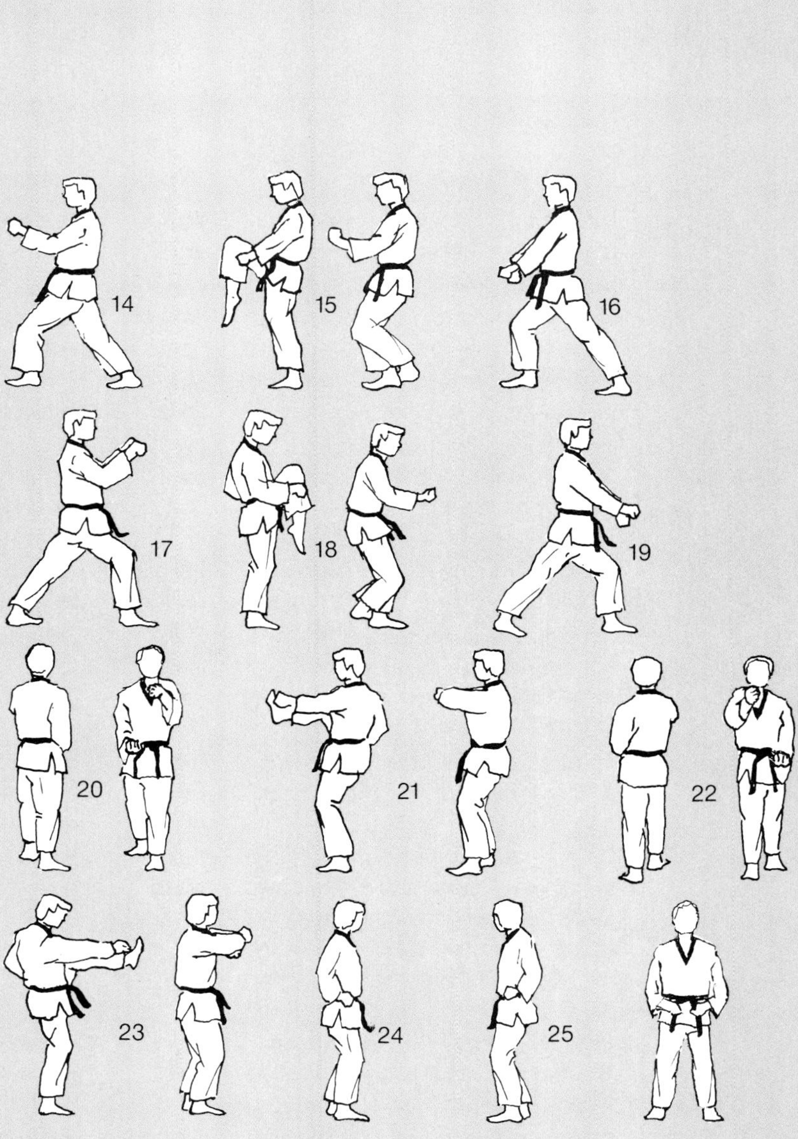

14
15
16
17
18
19
20
21
22
23
24
25

	Körper- und Beinbewegungen	Stellungen	Handtechniken
Junbi	Blicken Sie in Richtung ›V‹ und stellen Sie den linken Fuß einen Schritt zur Seite.	**Naranhi-sogi**	**Gibon-junbi**
1	Setzen Sie den linken Fuß einen Schritt vor in Richtung ›V‹.	**Orun-dwitkubi**	**Goduro-momtong-bakkat-makki**
2	Setzen Sie den rechten Fuß einen halben Schritt vor in Richtung ›V‹.	**Oen-apkubi**	**Momtong-baro-jirugi**
3	Treten Sie mit dem linken Fuß einen **Dubaldangsong-apchagi,** indem Sie nach vorne in Richtung ›V‹ springen (›Kihap‹).	**Oen-apkubi**	**Momtong-makki** dann: **Momtong-dubon-jirugi**
4	Setzen Sie den rechten Fuß einen Schritt vor in Richtung ›V‹.	**Orun-apkubi**	**Momtong-bandae-jirugi**
5	Drehen Sie sich auf dem Ballen des rechten Fußes linksherum, bis Sie den linken Fuß in Richtung ›R 3‹ setzen können. Der Kopf ist in Richtung ›R 3‹ gedreht.	**Orun-apkubi**	**Oesantul-makki**
6	Führen Sie auf der Stelle eine Positionsänderung in Richtung ›R 3‹ durch.	Wechsel in **Oen-apkubi**	**Orun-jumok-danggyo-tok-jirugi** (langsam)
7	Ziehen Sie den linken Fuß in Richtung ›L 3‹ vor den rechten Fuß, der stehenbleibt. Dabei verlagern Sie das Gleichgewicht zum **Oen-ap-kkoa-sogi.** Danach setzen Sie den rechten Fuß in Richtung ›L 3‹ einen Schritt vor. Der Kopf ist in Richtung ›L 3‹ gedreht.	**Oen-apkubi** (mit Blick → ›L 3‹)	**Oesantul-makki**
8	Drehen Sie den Körper nach rechts, ohne die Füße zu versetzen, wobei die Blickrichtung ›L 3‹ bleibt.	Wechsel in **Orun-apkubi**	**Oen-jumok-danggyo-tok-jirugi** (langsam)
9	Drehen Sie sich auf dem Ballen des linken Fußes nach links und setzen Sie den rechten Fuß in Richtung ›H‹, blicken Sie aber in Richtung ›V‹.	**Orun-dwitkubi**	**Sonnal-momtong-makki**
10	Setzen Sie den linken Fuß etwas nach vorne, ohne den rechten zu versetzen.	**Oen-apkubi**	**Momtong-baro-jirugi**

Fortsetzung auf der nächsten Seite

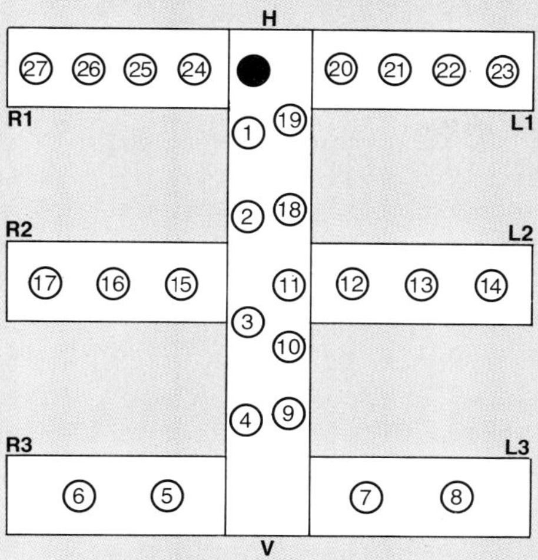
H
27 26 25 24 20 21 22 23
R1
L1
1 19
2 18
R2
L2
17 16 15 11 12 13 14
3
10
4 9
R3
L3
6 5 7 8
V

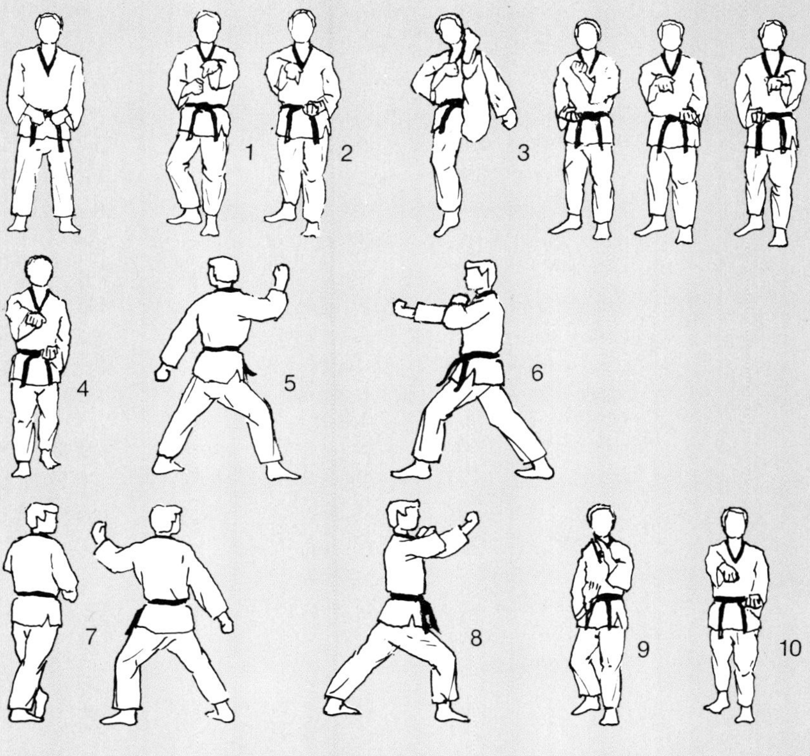
1
2
3
4
5
6
7
8
9
10

	Körper- und Beinbewegungen	Stellungen	Handtechniken
11	Treten Sie mit dem rechten Fuß einen **Apchagi** und setzen Sie ihn dann am ursprünglichen Platz wieder ab. Danach gehen Sie schnell mit dem linken Fuß einen Schritt zurück und ziehen den rechten etwas an den linken heran.	**Orun-bomsogi**	**Batangson-momtong-makki**
12	Setzen Sie den linken Fuß in Richtung ›L 2‹ vor.	**Oen-bomsogi**	**Sonnal-momtong-makki**
13	Der rechte Fuß bleibt stehen, während Sie mit dem linken einen **Apchagi** treten und ihn dann in Richtung ›L 2‹ absetzen.	**Oen-apkubi**	**Momtong-baro-jirugi**
14	Ziehen Sie den linken Fuß etwas heran, ohne den rechten zu bewegen.	**Oen-bomsogi**	**Batangson-momtong-makki**
15	Drehen Sie den Körper auf dem linken Fuß um 180° rechtsherum in Richtung ›R 2‹.	**Orun-bomsogi**	**Sonnal-momtong-makki**
16	Der linke Fuß bleibt stehen, während Sie mit dem rechten einen **Apchagi** treten und ihn dann in Richtung ›R 2‹ absetzen.	**Orun-apkubi**	**Momtong-baro-jirugi**
17	Ziehen Sie den rechten Fuß etwas heran, ohne den linken zu versetzen.	**Orun-bomsogi**	**Batangson-momtong-makki**
18	Drehen Sie sich nach rechts und setzen Sie den rechten Fuß in die Richtung ›H‹, wobei der linke stehenbleibt.	**Oen-dwitkubi**	**Goduro-arae-makki** (→ ›H‹)
19	Treten Sie mit dem linken Fuß einen **Apchagi**, ohne den rechten zu bewegen. Danach treten Sie schnell mit dem rechten Fuß einen **Apchagi** im Sprung auf der Stelle (der linke Fuß muß dort aufkommen, wo der rechte stand). (›Kihap‹)	**Orun-apkubi**	**Momtong-makki** und danach: **Oen-orun-momtong-jirugi**

Fortsetzung auf der nächsten Seite

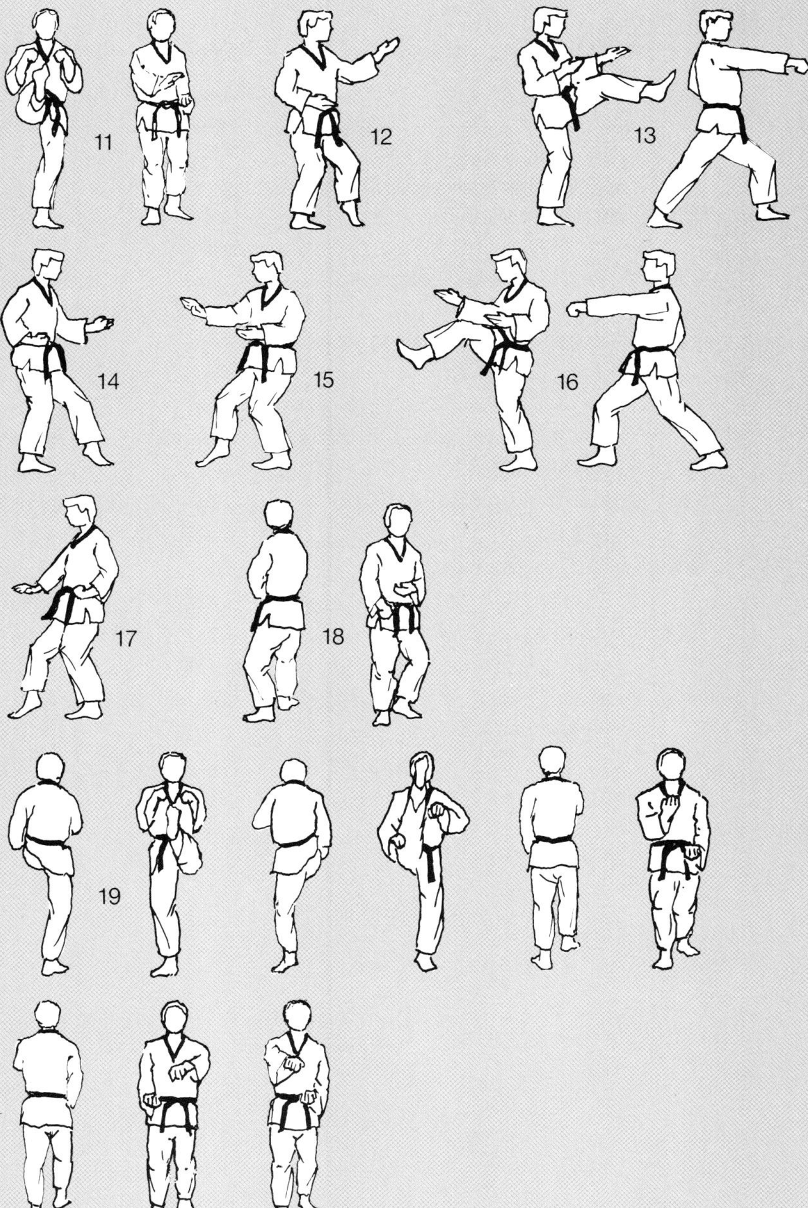
11
12
13
14
15
16
17
18
19

	Körper- und Beinbewegungen	Stellungen	Handtechniken
20	Drehen Sie sich auf dem Ballen des rechten Fußes linksherum und setzen Sie den linken Fuß vor in Richtung ›L1‹.	**Orun-dwitkubi**	**Han-sonnal-momtong-yop-makki**
21	Schieben Sie den linken Fuß in Richtung ›L1‹ vor.	Wechsel in **Oen-apkubi**	**Orun-palgup-olgul-dollyo-chigi**
22	Die Fußstellung bleibt unverändert.	**Oen-apkubi**	**Orun-dungjumok-apchigi**
23	Die Fußstellung bleibt unverändert.	**Oen-apkubi**	**Momtong-bandae-jirugi**
24	Drehen Sie den Körper auf dem linken Fuß um 180° rechtsherum in Richtung ›R1‹, wobei Sie den rechten Fuß etwas an den linken heranziehen.	**Oen-dwitkubi**	**Han-sonnal-momtong-yop-makki**
25	Schieben Sie den rechten Fuß etwas vor in Richtung ›R1‹.	**Orun-apkubi**	**Oen-palgup-olgul-dollyo-chigi**
26	Die Fußstellung bleibt unverändert.	**Orun-apkubi**	**Oen-dungjumok-olgul-apchigi**
27	Die Fußstellung bleibt unverändert.	**Orun-apkubi**	**Momtong-bandae-jirugi**
Guman	Ziehen Sie den linken Fuß heran und drehen Sie sich nach links in Richtung ›V‹.	**Naranhi-sogi**	**Gibon-junbi**

20

21

22

23

24

25

26

27

	Körper- und Beinbewegungen	Stellungen	Handtechniken
Junbi	Blicken Sie in Richtung ›V‹ und setzen Sie den linken Fuß zur Seite. Heben Sie die Hände in Kinnhöhe.	**Naranhi-sogi**	**Tongmilgi-junbi**
1	Drehen Sie sich nach links und setzen Sie den linken Fuß vor in Richtung ›L1‹.	**Orun-dwitkubi**	**Sonnal-momtong-makki**
2	Während der linke Fuß stehenbleibt, treten Sie mit dem rechten einen **Arae-yop-chagi** in Kniehöhe und dann einen **Momtong-yop-chagi** in Richtung ›L1‹. Dann setzen Sie den Fuß in dieser Richtung ab.	**Orun-apkubi**	**Sonnal-bakkat-chigi**
3	Die Körperstellung bleibt unverändert.	**Orun-apkubi**	**Momtong-baro-jirugi**
4	Der rechte Fuß wird etwas zurückgezogen, während der linke stehenbleibt.	**Oen-dwitkubi**	**Momtong-makki**
5	Drehen Sie sich auf dem Ballen des linken Fußes um 180° rechtsherum und setzen Sie den rechten Fuß einen Schritt vor in Richtung ›R1‹.	**Oen-dwitkubi**	**Sonnal-momtong-makki**
6	Während der rechte Fuß stehenbleibt, treten Sie mit dem linken einen **Arae-yop-chagi** und dann einen **Momtong-yop-chagi** in Richtung ›R1‹. Dann setzen Sie den Fuß in dieser Richtung ab.	**Oen-apkubi**	**Sonnal-bakkat-chigi**
7	Die Fußstellung bleibt unverändert.	**Oen-apkubi**	**Momtong-baro-jirugi**
8	Der linke Fuß wird etwas zurückgezogen, während der rechte stehenbleibt.	**Orun-dwitkubi**	**Momtong-makki**
9	Drehen Sie sich auf dem Ballen des rechten Fußes nach links und setzen Sie den linken Fuß vor in Richtung ›V‹. Dabei führen sie **Oen-han-sonnal-arae-makki** aus.	**Oen-apkubi**	**Orun-kaljabi**

Fortsetzung auf der nächsten Seite

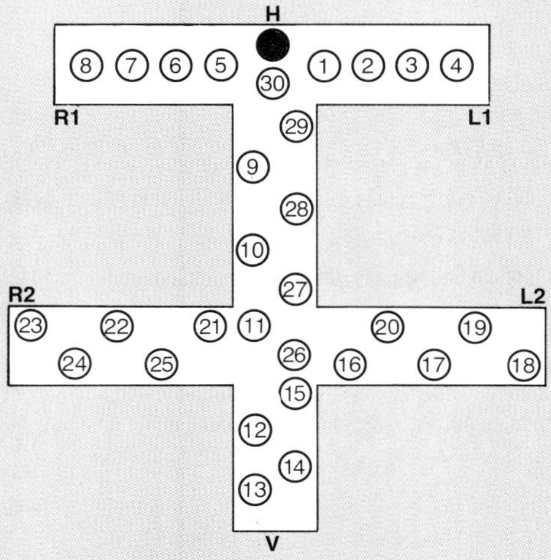
H
8 7 6 5 1 2 3 4
30
R1
L1
29
9
28
10
27
R2
L2
23 22 21 11 20 19
24 25 26 16 17 18
15
12
14
13
V

1
2
3
4
5
6
7
8
9

	Körper- und Beinbewegungen	Stellungen	Handtechniken
10	Treten Sie mit dem rechten Fuß einen **Apchagi** und setzen Sie ihn dann ab in Richtung ›V‹. Dabei führen Sie **Orun-han-sonnal-arae-makki** aus.	**Orun-apkubi**	**Oen-kaljabi**
11	Treten Sie mit dem linken Fuß einen **Apchagi** und setzen Sie ihn dann ab in Richtung ›V‹. Dabei führen Sie **Oen-han-sonnal-arae-makki** aus.	**Oen-apkubi**	**Orun-kaljabi** (›Kihap‹)
12	Treten Sie mit dem rechten Fuß einen **Apchagi** und setzen Sie ihn dann ab in Richtung ›V‹.	**Orun-apkubi**	**Murup-kokki**
13	Drehen Sie sich auf dem rechten Fuß um 180° rechtsherum, bis Sie den linken Fuß in Richtung ›V‹ setzen können. Der Blick geht in Richtung ›H‹, der rechte Fuß steht vorne.	**Orun-apkubi**	**An-palmok-momtong-hechyo-makki**
14	Treten Sie mit dem linken Fuß einen **Apchagi** und setzen Sie ihn dann ab in Richtung ›H‹.	**Oen-apkubi**	**Murup-kokki**
15	Ziehen Sie den linken Fuß etwas zurück, während der rechte stehenbleibt.	**Oen-apsogi**	**An-palmok-momtong-hechyo-makki**
16	Drehen Sie sich auf dem Ballen des linken Fußes nach rechts, bis Sie den rechten Fuß in Richtung ›R 2‹ setzen können. Blickrichtung ist ›L 2‹.	**Juchum-sogi**	**Oen-han-sonnal-yop-makki**
17	Die Fußstellung bleibt unverändert.	**Juchum-sogi**	**Orun-jumok-pyojok-jirugi**
18	Der rechte Fuß wird vorne über den linken gekreuzt zu **Kkoa-sogi.** Gleichzeitig werden die Hände an die ›R 2‹ zugewandte Seite der Taille genommen. Das Körpergewicht wird auf den rechten Fuß verlagert und mit dem linken wird ein **Yop-chagi** in Richtung ›L 2‹ getreten. Zum Schluß blicken Sie in Richtung ›R 2‹.	**Orun-apkubi**	**Oen-pyonsonkut-arae-jechyo-chirugi**
19	Der rechte Fuß wird etwas zurückgezogen, während der linke stehenbleibt.	**Orun-apsogi**	**Arae-makki**
20	Setzen Sie den linken Fuß einen Schritt vor in Richtung ›R 2‹. Dabei führen Sie **Oen-batangson-momtong-nullo-makki** aus. Dann setzen Sie schnell den rechten Fuß einen Schritt vor.	**Juchum-sogi**	**Orun-palgup-yop-chigi** (→ ›R 2‹)

Fortsetzung auf der nächsten Seite

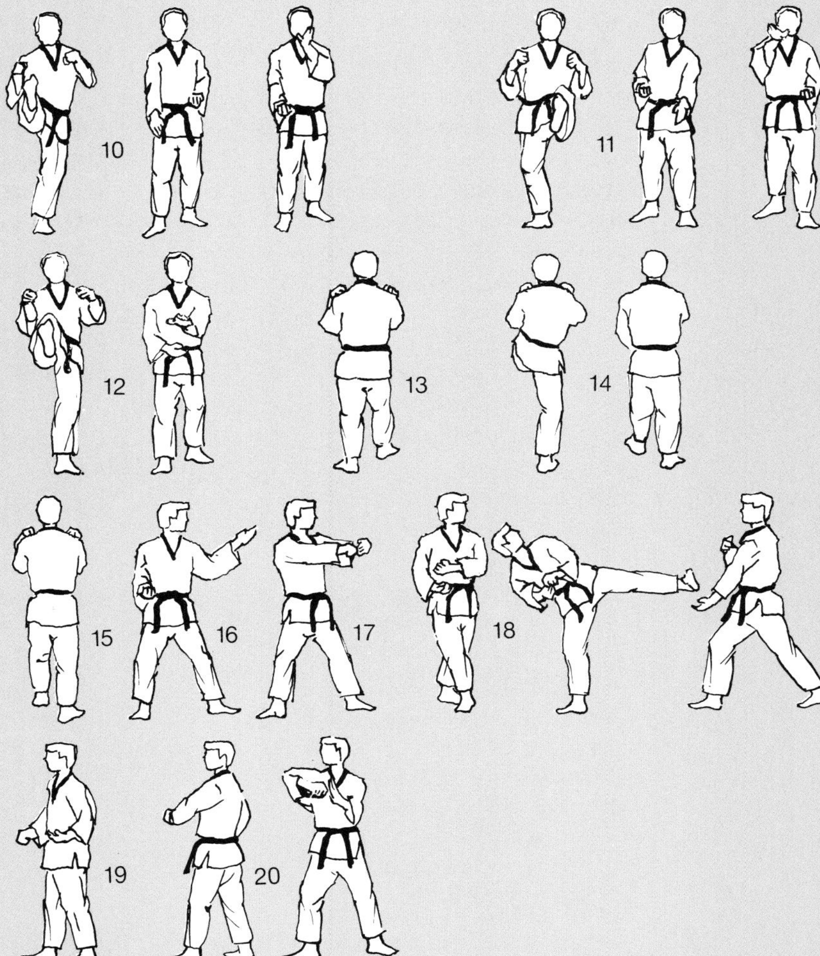
10
11
12
13
14
15
16
17
18
19
20

	Körper- und Beinbewegungen	Stellungen	Handtechniken
21	Die Fußstellung bleibt unverändert.	**Juchum-sogi**	**Orun-han-sonnal-momtong-yop-makki**
22	Die Fußstellung bleibt unverändert.	**Juchum-sogi**	**Oen-jumok-pyojok-jirugi**
23	Der linke Fuß wird vorne über den rechten gekreuzt zu **Apkkoa-sogi.** Das Körpergewicht wird auf den linken Fuß verlagert und mit dem rechten wird ein **Yop-chagi** in Richtung ›R 2‹ getreten. Er wird dann in dieser Richtung abgesetzt, während man sich nach ›L 2‹ dreht.	**Oen-apkubi**	**Orun-pyonsonkut-arae-jechyo-chirugi**
24	Der linke Fuß wird etwas zurückgezogen, während der rechte stehenbleibt.	**Oen-apsogi**	**Arae-makki**
25	Setzen Sie den rechten Fuß einen Schritt vor in Richtung ›L 2‹. Dabei führen Sie **Orun-batangson-momtong-nullo-makki** aus. Dann setzen Sie schnell den linken Fuß einen Schritt vor.	**Juchum-sogi**	**Oen-palgup-yop-chigi**
26	Heben Sie beide Hände über den Kopf und führen Sie sie dann in einem Kreisbogen nach außen und schließlich nach unten wieder zusammen. Der linke Fuß wird an den rechten herangezogen zu **Modumbal.**	**Moa-sogi**	**Oen-mejumok-arae-pyojok-chigi** (→ ›V‹)
27	Drehen Sie sich auf dem rechten Fuß nach links und setzen Sie den linken Fuß einen Schritt in Richtung ›H‹ vor. Machen Sie dabei **Oen-han-sonnal-bakkat-chigi.**	**Oen-apkubi**	**Oen-han-sonnal-arae-makki**
28	Setzen Sie den rechten Fuß vor in Richtung ›H‹ und führen Sie dabei **Orun-han-sonnal-mokchigi** aus.	**Orun-apkubi**	**Orun-han-sonnal-arae-makki**
29	Nun setzen Sie den linken Fuß einen Schritt vor in Richtung ›H‹ und führen dabei **Oen-han-sonnal-mokchigi** aus.	**Oen-apkubi**	**Oen-han-sonnal-arae-makki**
30	Setzen Sie den rechten Fuß einen Schritt vor in Richtung ›H‹.	**Orun-apkubi**	**Orun-kaljabi** (›Kihap‹)
Guman	Drehen Sie sich auf dem Ballen des rechten Fußes linksherum, bis Sie in Richtung ›V‹ sehen.	**Naranhi-sogi**	**Tongmilgi-junbi**

21

22

23

24

25

26

27

28

29

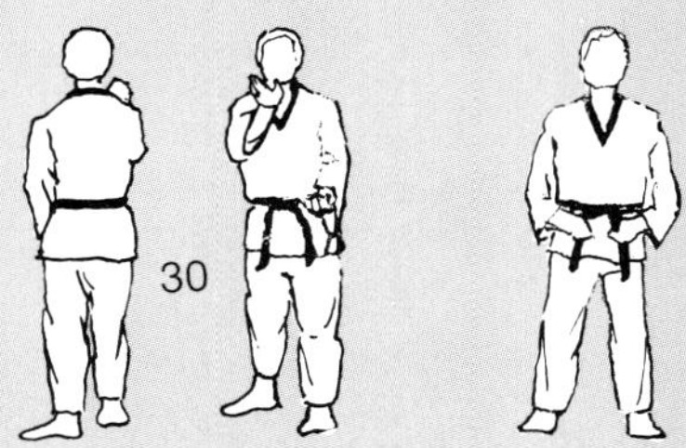
30

	Körper- und Beinbewegungen	Stellungen	Handtechniken
Junbi	Blicken Sie in Richtung ›V‹ und setzen Sie den linken Fuß zur Seite.	**Naranhi-sogi**	**Gibon-junbi**
1	Setzen Sie den linken Fuß einen Schritt vor in Richtung ›V‹.	**Oen-apkubi**	**Anpalmok-momtong-hechyo-makki**
2	Der rechte Fuß wird einen Schritt vorgesetzt.	**Orun-apkubi**	**Orun-batangson-tok-chigi**
3	Der linke Fuß wird einen Schritt vorgesetzt.	**Oen-apkubi**	**Oen-batangson-tok-chigi**
4	Der rechte Fuß wird einen Schritt vorgesetzt.	**Orun-apkubi**	**Orun-batangson-tok-chigi**
5	Ziehen Sie den rechten Fuß etwas zurück, ohne den linken zu versetzen. Sie blicken weiterhin in Richtung ›V‹.	**Orun-dwitkubi**	**Han-sonnal-momtong-makki**
6	Setzen Sie den linken Fuß einen Schritt nach hinten in Richtung ›H‹.	**Oen-dwitkubi**	**Han-sonnal-momtong-makki**
7	Setzen Sie den rechten Fuß einen Schritt nach hinten in Richtung ›H‹.	**Orun-dwitkubi**	**Han-sonnal-momtong-makki**
8	Während der rechte Fuß stehenbleibt, ziehen Sie den linken hoch zu **Hakdari-sogi.** Gleichzeitig führen Sie den rechten Arm langsam nach oben und den linken ebenso langsam und kraftvoll nach unten. Blickrichtung ›L‹.	**Orun-hakdari-sogi**	**Kumgang-makki**
9	Setzen Sie den linken Fuß in Richtung ›L‹ einen Schritt zur Seite ab.	**Juchum-sogi**	**Oen-kun-dolchogwi** (→ ›L‹)

Fortsetzung auf der nächsten Seite

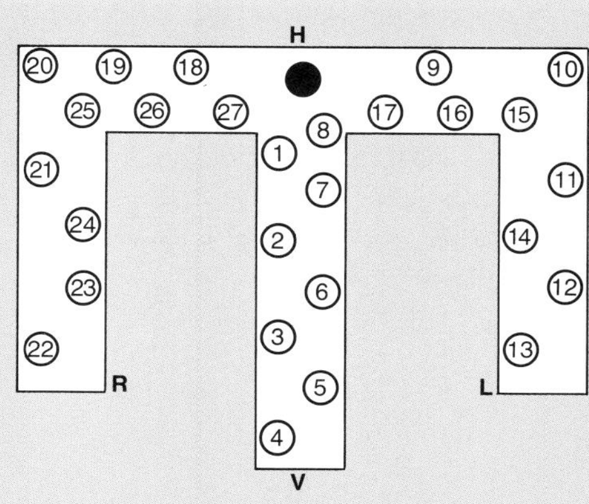
H
V
R
L

1
2
3
4
5
6
7
8
9

	Körper- und Beinbewegungen	Stellungen	Handtechniken
10	Drehen Sie sich auf dem linken Fuß nach links. Setzen Sie den rechten Fuß um in die Richtung ›L‹ und drehen Sie sich dann um 360°, bis Sie den linken Fuß wieder in Richtung ›L‹ absetzen können. Diese Bewegungen sollen rasch ausgeführt werden.	**Juchum-sogi**	**Oen-kun-dolchogwi** (→ ›L‹)
11	Drehen Sie sich auf dem Ballen des linken Fußes nach links und stampfen Sie mit dem rechten Fuß in Richtung ›V‹ fest auf den Boden.	**Juchum-sogi**	**Santul-makki** (Blickrichtung ›V‹) (›Kihap‹)
12	Drehen Sie sich auf dem Ballen des rechten Fußes nach rechts, bis Sie den linken Fuß in Richtung ›V‹ setzen können.	**Juchum-sogi**	**An-palmok-momtong-hechyo-makki** (schnell ausführen)
13	Während der rechte Fuß stehenbleibt, ziehen Sie den linken etwas an ihn heran. Die Hände werden vor der Brust gekreuzt. Dann führen Sie sie auf einem Kreisbogen langsam, aber kraftvoll abwärts. Dabei wird langsam ausgeatmet.	**Naranhi-sogi**	**Arae-hechyo-makki** (Blickrichtung ›R‹)
14	Drehen Sie sich auf dem Ballen des rechten Fußes rechtsherum und stampfen Sie mit dem linken in Richtung ›H‹ fest auf den Boden.	**Juchum-sogi**	**Santul-makki** (Blickrichtung ›L‹)
15	Drehen Sie sich auf dem Ballen des linken Fußes um 180° rechtsherum und ziehen Sie den rechten Fuß hoch zu **Hakdari-sogi.**	**Oen-hakdari-sogi**	**Kumgang-makki** (langsam, aber mit Kraft ausführen; Blickrichtung ›R‹)
16	Während der linke Fuß stehenbleibt, setzen Sie den rechten schnell einen Schritt vor in Richtung ›R‹.	**Juchum-sogi**	**Orun-kun-dolchogwi** (Blickrichtung ›R‹)
17	Drehen Sie sich auf dem rechten Fuß nach rechts. Setzen Sie den linken Fuß um in die Richtung ›R‹ und drehen Sie sich dann um 360°, bis Sie den rechten Fuß wieder in Richtung ›R‹ absetzen können. Diese Bewegungen sollen rasch ausgeführt werden.	**Juchum-sogi**	**Orun-kun-dolchogwi**

Fortsetzung auf der nächsten Seite

10
11
12
13
14
15
16
17

	Körper- und Beinbewegungen	Stellungen	Handtechniken
18	Ziehen Sie den rechten Fuß hoch zu **Hakdari-sogi.**	**Oen-hakdari-sogi**	**Kumgang-makki** (langsam, aber mit Kraft)
19	Setzen Sie den rechten Fuß vor in Richtung ›R‹.	**Juchum-sogi**	**Orun-kun-dolchogwi**
20	Drehen Sie sich auf dem Ballen des rechten Fußes nach rechts. Setzen Sie den linken Fuß um in die Richtung ›R‹ und drehen Sie sich dann um 360°, bis Sie den rechten Fuß wieder in Richtung ›R‹ absetzen können.	**Juchum-sogi**	**Orun-kun-dolchogwi**
21	Drehen Sie sich auf dem Ballen des rechten Fußes nach rechts, bis Sie den linken Fuß in Richtung ›V‹ absetzen können.	**Juchum-sogi**	**Santul-makki** (›Kihap‹) (Blickrichtung ›V‹)
22	Drehen Sie sich auf dem Ballen des linken Fußes nach links und setzen Sie den rechten Fuß ab in Richtung ›V‹.	**Juchum-sogi**	**An-palmok-momtong-hechyo-makki** (schnell ausführen, Blickrichtung ›L‹)
23	Ziehen Sie den rechten Fuß etwas an den linken heran, während dieser stehenbleibt.	**Naranhi-sogi**	**Arae-hechyo-makki**
24	Drehen Sie sich auf dem Ballen des linken Fußes nach links und setzen Sie den rechten in Richtung ›H‹ fest auf den Boden stampfend ab.	**Juchum-sogi**	**Santul-makki**
25	Drehen Sie sich auf dem Ballen des rechten Fußes nach links und ziehen Sie den linken Fuß hoch zu **Hakdari-sogi.**	**Orun-hakdari-sogi**	**Kumgang-makki** (langsam, aber kraftvoll, Blickrichtung ›L‹)
26	Setzen Sie den linken Fuß schnell einen Schritt in Richtung ›L‹ vor, während der rechte stehenbleibt.	**Juchum-sogi**	**Oen-kun-dolchogwi** (Blickrichtung ›L‹)
27	Drehen Sie sich auf dem Ballen des linken Fußes nach links. Setzen Sie den rechten Fuß um in Richtung ›L‹ und drehen Sie sich dann um 360°, bis Sie den linken Fuß wieder in dieser Richtung absetzen können.	**Juchum-sogi**	**Oen-kun-dolchogwi** (Blickrichtung ›V‹)
Guman	Ziehen Sie den linken Fuß etwas an den rechten heran.	**Naranhi-sogi**	**Gibon-junbi**

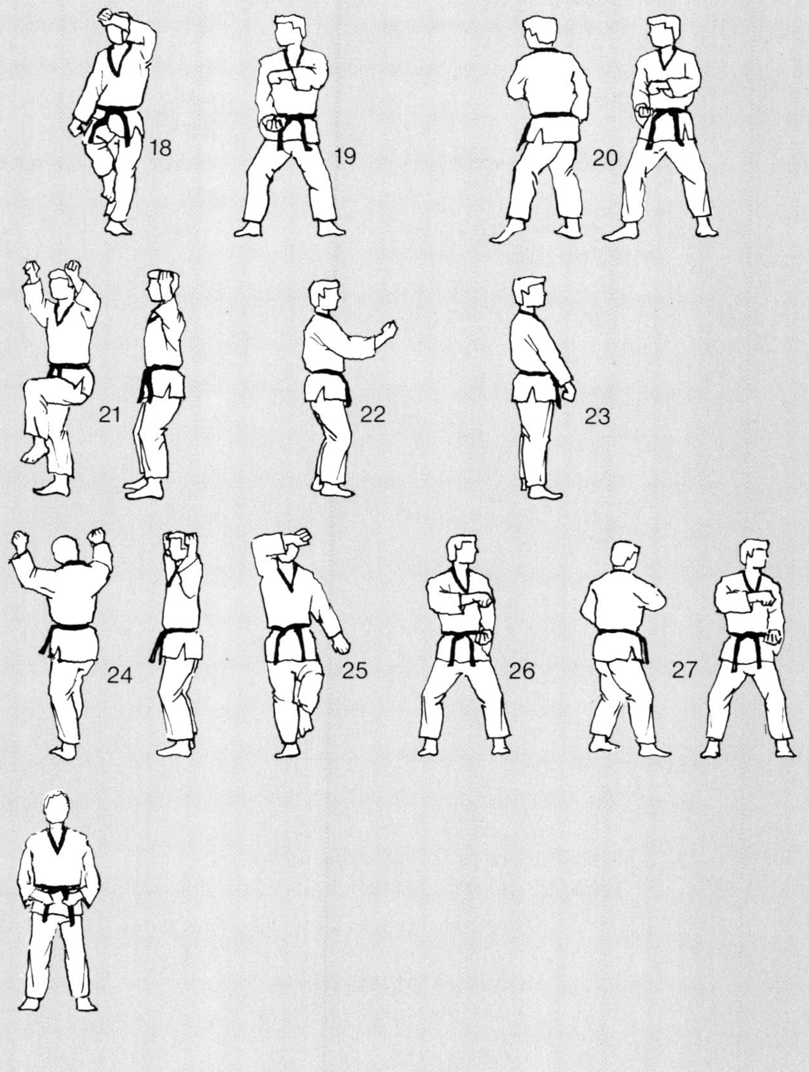
18
19
20
21
22
23
24
25
26
27

	Körper- und Beinbewegungen	Stellungen	Handtechniken
Junbi	Blicken Sie in Richtung ›V‹ und setzen Sie den linken Fuß zur Seite.	**Naranhi-sogi**	**Gibon-junbi**
1	Drehen Sie den Körper nach links und setzen Sie den linken Fuß vor in Richtung ›L1‹.	**Oen-bomsogi**	**Sonnal-arae-hechyo-makki**
2	Treten Sie einen **Apchagi** mit dem rechten Fuß und setzen Sie ihn dann einen Schritt vor in Richtung ›L1‹.	**Orun-apkubi**	**Momtong-dubon jirugi** (rechts-links)
3	Drehen Sie sich auf dem Ballen des linken Fußes um 180° rechtsherum und setzen Sie den rechten Fuß vor in Richtung ›R1‹.	**Orun-bomsogi**	**Sonnal-arae-hechyo-makki**
4	Treten Sie einen **Apchagi** mit dem linken Fuß und setzen Sie ihn dann einen Schritt vor in Richtung ›R1‹.	**Oen-apkubi**	**Momtong-dubon-jirugi** (links-rechts)
5	Drehen Sie sich auf dem Ballen des rechten Fußes nach links und setzen Sie den linken Fuß vor in Richtung ›V‹.	**Oen-apkubi**	**Jebipum-mok-chigi**
6	Ziehen Sie die rechte Hand mit der Handfläche nach unten an den Körper heran. Dann setzen Sie den rechten Fuß einen Schritt vor in Richtung ›V‹.	**Orun-apkubi**	**Momtong-baro-jirugi**
7	Öffnen Sie die linke Hand und ziehen Sie sie mit der Handfläche nach unten an den Körper heran. Setzen Sie den linken Fuß einen Schritt vor in Richtung ›V‹.	**Oen-apkubi**	**Momtong-baro-jirugi**
8	Öffnen Sie die rechte Hand und ziehen Sie sie mit der Handfläche nach unten an den Körper heran. Setzen Sie den rechten Fuß einen Schritt vor in Richtung ›V‹.	**Orun-apkubi**	**Momtong-baro-jirugi** (›Kihap‹)

Fortsetzung auf der nächsten Seite

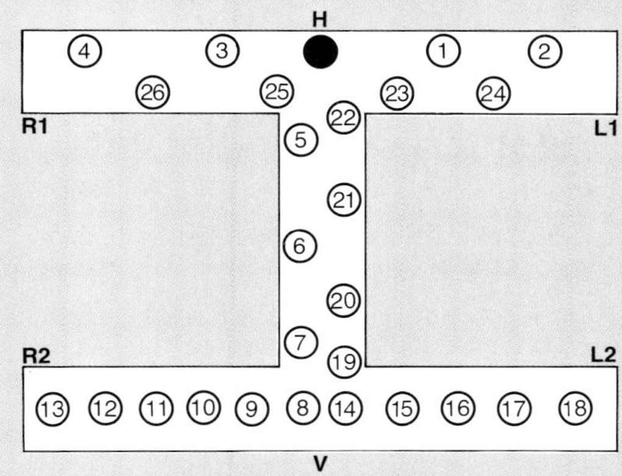
H
4 3 1 2
26 25 23 24
R1
22
L1
5
21
6
20
7
R2
19
L2
13 12 11 10 9 8 14 15 16 17 18
V

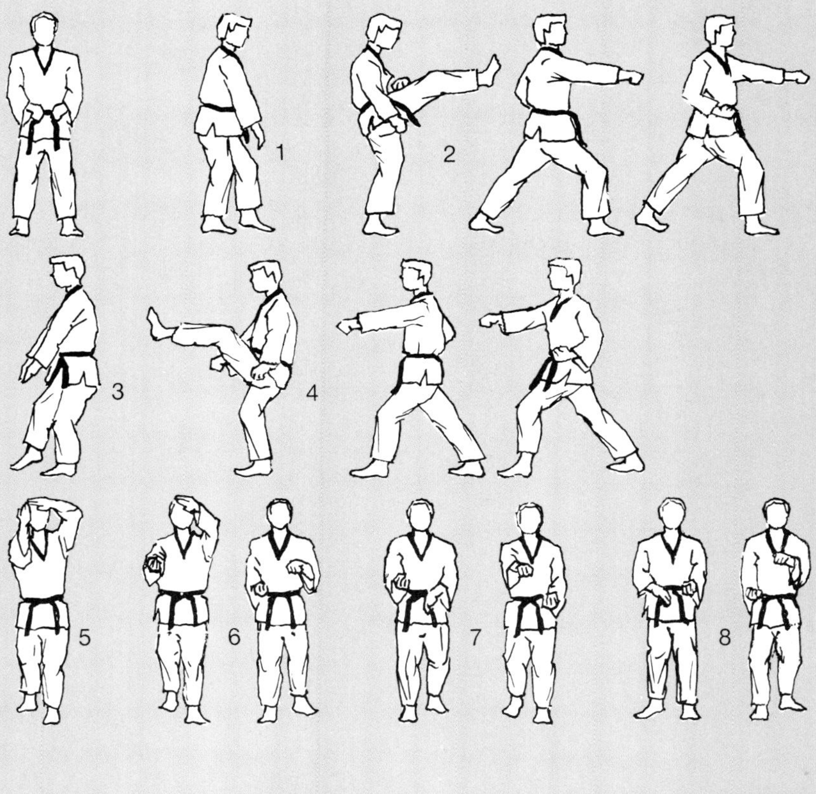
1
2
3
4
5
6
7
8

	Körper- und Beinbewegungen	Stellungen	Handtechniken
9	Drehen Sie sich auf dem Ballen des rechten Fußes nach links und setzen Sie den linken Fuß vor in Richtung ›R 2‹.	**Orun-dwitkubi**	**Kumgang-momtong-makki**
10	Körper- und Fußstellung bleibt unverändert.	**Orun-dwitkubi**	**Danggyo-tok-jirugi**
11	Körper- und Fußstellung bleibt unverändert.	**Orun-dwitkubi**	**Oen-jumok-yop-jirugi**
12	Heben Sie den linken Fuß zum rechten Knie.	**Orun-hakdari-sogi**	**Orun-jagun-dolchogwi**
13	Treten Sie mit dem linken Fuß einen **Yop-chagi** und setzen Sie den Fuß dann einen Schritt vor in Richtung ›R 2‹.	**Oen-apkubi**	**Orun-palgup-pyojok-chigi**
14	Drehen Sie sich rechtsherum in Richtung ›L 2‹ und ziehen Sie den linken Fuß an den rechten heran zum Stand **Moa-sogi.** Gleich darauf setzen Sie den rechten Fuß einen Schritt vor in Richtung ›L 2‹.	**Oen-dwitkubi**	**Kumgang-momtong-makki**
15	Körper- und Fußstellung bleibt unverändert.	**Oen-dwitkubi**	**Danggyo-tok-jirugi**
16	Körper- und Fußstellung bleibt unverändert.	**Oen-dwitkubi**	**Orun-jumok-yop-jirugi**
17	Heben Sie den rechten Fuß zum linken Knie.	**Oen-hakdari-sogi**	**Oen-jagun-dolchogwi**

Fortsetzung auf der nächsten Seite

9
10
11
12
13
14
15
16
17

	Körper- und Beinbewegungen	Stellungen	Handtechniken
18	Treten Sie mit dem rechten Fuß einen **Yop-chagi** und setzen Sie den Fuß dann einen Schritt vor in Richtung ›L 2‹.	**Orun-apkubi**	**Oen-palgup-pyojok-chigi**
19	Ziehen Sie den rechten Fuß an den linken heran zu **Moa-sogi.** Gleich darauf setzen Sie den linken Fuß vor in Richtung ›H‹.	**Orun-dwitkubi**	**Sonnal-momtong-makki**
20	Setzen Sie den rechten Fuß einen Schritt vor in Richtung ›H‹.	**Orun-apkubi**	**Pyonsonkut-sewo-chirugi**
21	Drehen Sie sich auf dem Ballen des rechten Fußes linksherum. Dann ziehen Sie den linken Fuß am rechten vorbei, bis Sie ihn nach einer Drehung von 360° wieder in Richtung ›H‹ setzen können.	**Orun-dwitkubi**	**Oen-dungjumok-olgul-bakkat-chigi**
22	Setzen Sie den rechten Fuß einen Schritt vor in Richtung ›H‹.	**Orun-apkubi**	**Momtong-bandae-jirugi** (›Kihap‹)
23	Drehen Sie sich auf dem Ballen des rechten Fußes nach links und setzen Sie den linken Fuß in Richtung ›L1‹ vor. Bei **Gawi-makki** wird mit der linken Hand **Arae-makki** gemacht.	**Oen-apkubi**	**Gawi-makki**
24	Treten Sie einen **Apchagi** mit dem rechten Fuß und setzen Sie ihn dann einen Schritt vor in Richtung ›L1‹.	**Orun-apkubi**	**Momtong-dubon-jirugi**
25	Drehen Sie sich auf dem Ballen des linken Fußes um 180° rechtsherum und setzen Sie den rechten Fuß in Richtung ›R1‹ vor. Bei **Gawi-makki** wird mit der rechten Hand **Arae-makki** gemacht.	**Orun-apkubi**	**Gawi-makki**
26	Treten Sie einen **Apchagi** mit dem linken Fuß und setzen Sie ihn dann einen Schritt vor in Richtung ›R1‹.	**Oen-apkubi**	**Momtong-dubon-jirugi**
Guman	Drehen Sie sich auf dem Ballen des rechten Fußes linksherum, bis Sie den linken Fuß in Richtung ›L1‹ neben den rechten setzen und in Richtung ›V‹ blicken können.	**Naranhi-sogi**	**Gibon-junbi**

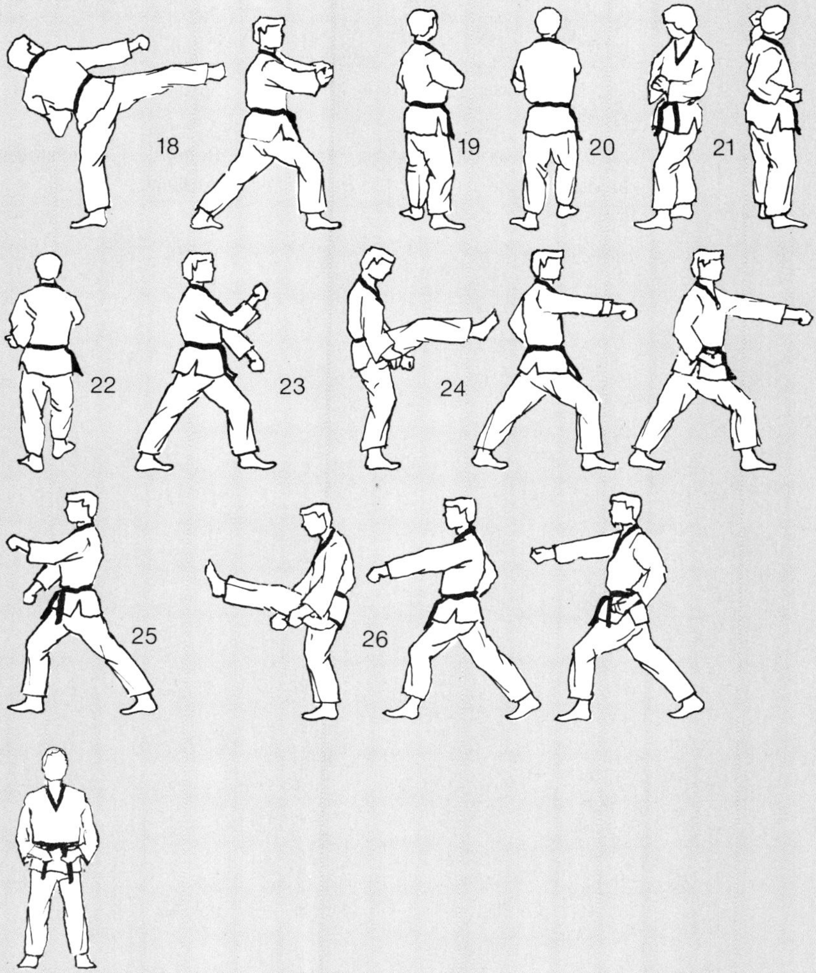
18
19
20
21
22
23
24
25
26

Koreanisches Fachwörterverzeichnis

Agwison Handspanne
An von außen nach innen, einwärts
Anchigi Schlag nach innen
An-makki Innenblock
Ap vorn
Apchagi Vorwärtstritt
Apchigi Schlag nach vorn
Apchuk Fußballen
Apkkoa-sogi Überkreuzstellung seitwärts
Apkubi Vorwärtsstellung
Apkyorumse Frontalstellung (im Kyorugi)
Apsogi kleine Vorwärtsstellung, Schrittstellung
Arae Unterleib (vom Nabel abwärts)
Arae-makki Tiefblock

Baesim Jury
Bakkat von innen nach außen, auswärts
Bakkat-makki Außenblock
Bal Fuß
Balbadak Fußsohle
Baldung Fußrücken, Rist
Baljit Step
Baljitki Steptechnik
Balnal Fußkante (Außenseite)
Bamjumok spitze Faust (Faust mit vorstehendem Fingerknöchel)
Bandae Gegenteil, seitenverkehrt
Bandae-jirugi gleichseitiger Stoß
Bangoki Blocktechnik
Baro gerade, gleichseitig (oder: zurück zur Ausgangsstellung)
Baro-jirugi gegenseitiger Stoß
Batangson Handballen
Batguo Kommando: »Wechsel«
Bato-chagi Konterkick
Bikyo-baljit Diagonalstep
Bituro-makki verdrehter Block
Bo-jumok linke Hand umfaßt die rechte Faust
Bomsogi Tigerstellung, kleine Rückwärtsstellung
Bon Muster, Beispiel, Vorbild
Busim Punktrichter

Chaejompyo Punktzettel
Chagi Schlag, Tritt
Charyot Kommando: »Achtungsstellung«
Charyot-sogi Achtungsstellung
Chaolligi Fußschwung (das gestreckte Bein – vorn, seitlich – hochschwingen)
Chegub Gewichtsklasse
Chigi Schlag
Chi-jirugi Aufwärtsstoß
Chirugi Stich mit den Fingerspitzen
Chung sung Sieg für Blau

Dan Meistergrad (über 16 Jahre)
Danggyo-jirugi ziehender Stoß
Danjon Zwerchfell
Dari Bein
Datchimse geschlossene Stellung (im Kyorugi)
Dobok Taekwondo-Anzug
Dojang Übungsraum, Trainingsraum
Dolchogwi Scharnier
Dolla (yopuro, dwilo) umdrehen (seitwärts, rückwärts)
Dollyo-chagi Drehschlag
Dollyo-jirugi Drehstoß
Dongjak eine einzelne Bewegung
Du zwei, beide
Dubon doppelt, zweimal, hintereinander
Du-jumok beide Fäuste
Dukjom Pluspunkt
Dullo-baljit Fußhebestep
Dungjumok Faustrücken
Dwi hinten, rückwärts
Dwidolla-baljit Rückwärts-Drehstep
Dwi-dollyo-chagi Rückwärts-Drehschlag
Dwikumchi hinterer Teil der Ferse
Dwitchagi Rückwärtstritt
Dwitchuk unterer Teil der Ferse
Dwitkkoa-sogi Überkreuzstellung vorwärts
Dwitkubi Rückwärtsstellung

Gawi-makki Scherenblock
Gawisonkut Fingerspitzen in Scherenform
Gibon Grund
Godub-chagi Doppelfußtritt
Goduro-arae-makki Tiefblock mit Unterstützung
Goduro-makki Abwehr mit Unterstützung
Goduro-momtong-makki Rumpfblock mit Unterstützung
Goduro-olgul-makki Gesichtsblock mit Unterstützung

◁ Kyong Myong Lee bei der Ausführung eines Dollyo-chagi

Guman [Gman] Ende der Übung/des Kampfes, aufhören
Gyopson übereinandergelegte Hände

Hakdari-sogi Kranichbeinstellung
Hanbon-kyorugi vorgegebene Partnerübung
Han-sonnal-makki Block mit einer Handkante
Hechyo-makki Beiseite-Schubblock
Hoejon Runde
Il Hoejon 1. Runde
Ie Hoejon 2. Runde
Sam Hoejon 3. Runde
Hogu Schutzweste
Hong sung Sieg für Rot
Hosinsul Selbstverteidigungskunst
Huryo-chagi Peitschenschlag

Injung Nasenrille

Jabi Griff
Jagun klein
Jang Abschnitt
Jayu-kyorugi Freikampf
Jebipum Schwalbenform
Jechyo-jirugi Stoß mit gedrehter Faust
Jirugi [Chirugi] Stoß mit der Faust
Juchum-sogi Sitzstellung
Juchumse Haltung mit Juchum-sogi
Jumok Faust (Knöchel vom Zeige- und Mittelfinger bei geschlossener Faust)
Junbi Kommando: »Vorbereitung«
Junbi-sogi Vorbereitungsstellung
Jusim Kampfleiter
Jwa-woohyang-woo [Jua-uhyang-u] zueinanderdrehen
Jwa-hyang-jwa linksum
Woo-hyang-woo rechtsum

Kal Messer
Kaljabi Schlag mit der Handspanne
Kallyo Kampfunterbrechung, trennen
Kamjom Minuspunkt
Kamjom hana ein Minuspunkt
Kihap Schrei zur Mobilisation konzentrierter Kraft (äußere Form)
Kkoa-baljit Kreuzstep
Kkoa-sogi Überkreuzstellung (Stellung mit überkreuzten Füßen)
Kokki brechender Schlag (mit der Hand oder dem Fuß)
Konggyok Angriff
Konggyokki Angriffstechnik
Kullo-baljit Fußziehstep
Kullomoa-baljit Schaltstep
Kumgang-makki Blockform, bei der eine Hand Olgul-makki und die andere Arae-yop-makki ausführt
Kun groß
Kup Schülergrade (10. bis 1. Kup)
Kuryong Kommando
Kuryong opschi ohne Kommando
Kuryonge matschuo mit Kommando
Kyesok Kommando: »Weiterkämpfen«
Kyokpa Bruchtest, Bruchdynamik
Kyonggo Verwarnung
Kyonggo hana eine Verwarnung
Kyonggi Wettkampf, Kampfspiel
Kyongle [Kyongne] Gruß, grüßen; Respektbezeugung, Verbeugung
Kyorugi Kampf
Kyorumse Grundkampfstellung

Makki Block, Abwehr
Mejumok Faustaußenseite
Mikurumbal gleitende Beine
Milo Schub
Mituro abwärts
Mo Ecke
Moa-baljit Schließstep
Moa-sogi geschlossene Stellung
Modumbal geschlossene Beine
Mojuchum-sogi wie Juchum-sogi (Sitzstellung), Füße sind aber um 45° gedreht
Mom Körper
Momtong Rumpf (zwischen Schlüsselbein und Nabel)
Momtong-an-makki Rumpf-Innenblock
Momtong-bakkat-makki Rumpf-Außenblock
Momtong-jirugi Rumpfstoß
Momtong-makki Rumpfblock
Momtong-yop-makki Rumpf-Seitblock
Mom-umjigigi Körperbewegung
Monge Joch
Mori Kopf
Mori-bohogu Kopfschutz
Mullo-baljit Rückstep

Murup Knie
Murup-kokki Schlag mit der Handspanne oder Tritt mit der Fußkante auf das Knie des Gegners
Myongchi Solarplexus

Naeryo abwärts
Naga-baljit Startstep
Naranhi-sogi offene Parallelstellung
Natchumse Tiefstellung (im Kyorugi)
Nullo-makki Abwärtsblock mit den Handballen

Oen links
Oesantul-makki Blockform: eine Hand Arae-makki, die andere Olgul-bakkat-makki
Olgul Gesicht (vom Schlüsselbein aufwärts)
Olgul-makki Gesichtsblock
Ollyo aufwärts
Ollyo-chigi Aufwärtsschlag
Opo waagerecht
Oposonkut Fingerspitzen waagerecht
Orun rechts
Otgoro-arae-makki Tiefkreuzblock
Otgoro-makki Kreuzabwehr
Otgoro-olgul-makki Gesichtskreuzblock

Paegi Befreiung
Pal Arm
Pal-dari-bohodae Arm- u. Schienbeinschutz
Palgup Ellbogen
Palmok Unterarm
An-palmok Innenseite (Speiche)
Bakkat-palmok Außenseite (Elle)
Poom [Pum] eine Bewegungsform (kann aus mehreren Dongjak bestehen) oder Meistergrade (unter 16 Jahren)
Poomse eine Kombination verschiedener Bewegungen gegen einen imaginären Partner
Pyojok Ziel
Pyojok-chagi Zielschlag mit dem Fuß
Pyojok-chigi Zielschlag mit d. Ellbogen/Faust
Pyonhi-sogi zehenoffene Parallelstellung
Pyonjumok halb geöffnete Faust
Pyonsonkut Fingerspitzen senkrecht

Sabom (-nim) Meister, Lehrer (Höflichkeitsform)
Santul Bergform, bergförmig
Santul-makki Bergblock
Satbodae Unterleibsschutz
Sewo senkrecht
Sewo-chirugi Vertikalstich
Sewo-jirugi Vertikalstoß
Sigan Kommando: »Zeit stoppen«
Sihap Wettkampf, Kampfspiel
Sijak (Kampf-)Beginn, beginnen
Simpan Kampfrichter
Sogi Stellung
Son Hand
Sonkut Fingerspitzen
Sonmok Handgelenk
Sonnal Handkante (Kleinfingerseite)
Sonnal-chigi Handkantenschlag
Sonnaldung Handkante (Daumenseite)
Sonnal-makki Handkantenblock
Sung gewonnen
Swio ruhen, freies ungezwungenes Stehen

Tok Kinn
Tongmilgi einen (imaginären runden) Gegenstand in den Handflächen zusammendrücken
Twio im Sprung, gesprungen
Ty Gürtel

Wiro aufwärts

Yollimse offene Stellung (im Kyorugi)
Yonsop-kyorugi Übungskampf
Yop seitlich, Seite
Yop-chagi Seitwärtstritt
Yopguri Körperseite, Taille
Yop-jirugi Seitwärtsstoß
Yop-kyorumse Seitwärtsstellung (im Kyorugi)
Yop-makki Seitblock

	Zahlen	**Ordnungszahlen**
1	Hana [Han]	Il
2	Dul [Du]	Ie [I]
3	Set [Se]	Sam
4	Net [Ne]	Sa
5	Dasot	Oh [O]
6	Yosot	Yuk
7	Ilgob	Chil
8	Yodul	Pal
9	Ahob	Gu
10	Yol	Sib

Literaturverzeichnis

Gil, Konstantin: Illustriertes Handbuch des Taekwondo. Niedernhausen 1982

Hwang Ki: Taekwondo. Seoul 1970

Kim Byong-won/Kim Chung-rok: Taekwondo-Sammelwerk. Seoul 1985

Kim Dae-shik/Kim Kwang-sung: Theories and Practices of Taekwondo. Seoul 1985

Kim Man-keum: Taekwondo Poomse Lehrbuch. Köln 1977

–: Taekwondo Lehrbuch. Köln 1985

Ko Eui-min: Taekwondo-Kyorugi. München 1980

Koreanischer Taekwondo Verband (Hrsg.): Taekwondo Lehrbuch (Poomse). Seoul 1972

–: Taekwondo. Seoul 1975

Kwon Jae-hwa: Taekwondo-Information Nr. 1–4. München 1976

Park Soo-nam: Wettkampf-Taekwondo. Stuttgart 1984

Weinmann, W.: Die koreanische Nahkampftechnik. Berlin 1975